らくらく

事業に専念できる効率的な実務が満載

記入例付だから
1人でできる！

個人事業
開業のすべてがわかる本

〈改訂2版〉

山端康幸［編］
東京シティ税理士事務所［著］

JN107499

あさ出版

はじめに

「終身雇用」「滅私奉公」「定年退職」「企業ファミリー」……現在このような、長い間日本経済を象徴してきた言葉が死語になりつつあります。

学校を卒業して就職し、定年まで勤め上げることをキャリアの理想とする人は、今や少数派と言ってもいいでしょう。

若い方から働き盛りの方、はたまた定年を待たずに一花咲かせようとする方まで、自分個人の手によって事業を興し、これを成功させることを夢見る人が増えているのです。

本書はこのような新しく事業を始めようとする方の羅針盤の役割を担うことを目指し書かれています。

個人で事業を行おうとする方は、例えば営業が得意であったり、個性的な技術や才能を持つなどして、独立をするのですが、反面、事業の社会的ルールに疎いことが少なくありません。

会社に属していたころはすべて会社が手続を代行してくれました。

しかし、独立後はすべて自分で行わなければなりません。

そのような方に、事業を開始するために必要な手続や届出、帳簿への記帳のしかたから決算、税金の申告までを、やさしく、わかりやすくまとめました。

とは言え、こうした実務的な作業にはなるべく時間と労力をかけず、いわゆる「本業」に集中したいというのが個人事業を営もうとする方の本音でしょう。

ですから、本書の内容は、ただ必要な知識を述べるだけでなく、効率よく実務を行うという点にも重きが置かれています。

いずれにせよ、基本ルールがあってこその事業です。

本書があなたの事業のスタートに役に立つだけでなく、数年後「この本があったから事業を伸ばすことができた」と思っていただければ、著者としてこれに勝る喜びはありません。

著者

第3章 さあ事業開始です 手間をかけずに帳簿づけをしましょう

第4章 事業経営の節税の秘策教えます

第5章 事業に専念するための「手抜き」教えます

第6章 1年間の事業のまとめです 決算と確定申告を行いましょう

第7章 事業は永続します 新しい事業年の準備をしましょう

第1章

開業のための準備を始めましょう

年金や保険への加入手続など、実は開業前にやっておかなければならないことは少なくありません。屋号や事業所選びなど、事業を始める上での基本ポイントを押さえましょう。

1 退職前後の手続は漏れなく行いましょう

■厚生年金を脱退し、国民年金へ加入しましょう

なにかと不安でいっぱいですが、まずは給与所得者から決別する手続をしましょう。会社や官公庁などを退職すると、それまで加入していた厚生年金や共済年金から自動的に脱退することになります。そして、今後は20歳以上60歳未満の人は国民年金への加入が義務づけられるので、国民年金への加入手続をする必要が生じてきます。この手続は、**退職後14日以内**に住所地の市区町村役場で行います。

厚生年金に加入していたときは、保険料の負担は会社とあなたで半分ずつでしたが、今後の国民年金の保険料は全額あなたの自己負担となります。

■健康保険を脱退し、国民健康保険へ加入しましょう

退職などにより、前の職場の健康保険を脱退した場合、その健康保険を任意で継続する人以

外はその時点で国民健康保険に加入する必要が生じます。この国民健康保険に加入するためには、**退職日の翌日から14日以内**に住所地の市町村に届出をしなければなりません。

これを行わないと、保険証を持っていないために医療費を全額負担することになったり、職場の健康保険と国民健康保険の二重加入になったりするなどのトラブルの原因にもなりますので、忘れずに届出をするようにしましょう。

■失業給付を受けるための手続を行いましょう

労働保険のうち、労災保険については退職することによって、あなたが特別に手続をする必要はありません。一方、雇用保険については、事業の開始自体に見通しが立っていない場合、所定の要件を満たし、手続をすることによって失業給付を受けることができます。

この給付を受ける上では、退職の際に会社に**「雇用保険被保険者離職証明書」**を交付してもらう必要があります。そして住所地を管轄しているハローワークに行き、所定の手続を経て給付されることになります。

独立開業のケースとしては、あまり望ましいとは言えませんが退職後から事業開始までの期間が不明のときは、退職後の生活保障のために失業給付の手続を行うことをお勧めします。当然、その場合には求職活動を行うことが必要です。なお、この失業給付のために必要な「雇用

「給与所得の源泉徴収票」記載例

令和　　年分　**給与所得の源泉徴収票**

支払を受ける者	住所又は居所	埼玉県桶川市春日1-22-33	(受給者番号)
			(役職名)
			氏名 (フリガナ) サカモト ヒサシ
			坂本　久志

種別	支払金額	給与所得控除後の金額	所得控除の額の合計額	源泉徴収税額
給料・賞与	内 円 5,000,000	円 3,560,000	円 1,210,000	内 円 137,500

(源泉)控除対象配偶者の有無等		老人	配偶者(特別)控除の額	控除対象扶養親族の数(配偶者を除く。) 特定		老人			その他		16歳未満扶養親族の数	障害者の数(本人を除く。) 特別		その他	非居住者である親族の数
有	従有		円	人	従人	内	人	従人	人	従人	人	内	人	人	人

社会保険料等の金額	生命保険料の控除額	地震保険料の控除額	住宅借入金等特別控除の額
内 円 250,000	円 50,000	円 50,000	円

(摘要)

生命保険料の金額の内訳	新生命保険料の金額	円	旧生命保険料の金額	円 100,000	介護医療保険料の金額	円	新個人年金保険料の金額	円	旧個人年金保険料の金額	円

住宅借入金等特別控除の額の内訳								
	住宅借入金等特別控除適用数		居住開始年月日(1回目)	年　月　日	住宅借入金等特別控除区分(1回目)		住宅借入金等年末残高(1回目)	円
	住宅借入金等特別控除可能額	円	居住開始年月日(2回目)	年　月　日	住宅借入金等特別控除区分(2回目)		住宅借入金等年末残高(2回目)	円

(源泉・特別)控除対象配偶者	(フリガナ) サカモト　ヒロミ	区分	配偶者の合計所得	円	国民年金保険料等の金額	円	旧長期損害保険料の金額	円
	氏名 坂本　裕美							

控除対象扶養親族	(フリガナ)／氏名	区分	16歳未満の扶養親族	(フリガナ)／氏名	区分
1			1		
2			2		
3			3		
4			4		

未成年者	外国人	死亡退職	災害者	乙欄	本人が障害者 特別	その他	寡婦 一般	特別	寡夫	勤労学生	中途就・退職 就職	退職	年	月	日	受給者生年月日 明	大	昭	平	年	月	日
																		○		44	7	1

支払者		
	住所(居所)又は所在地	東京都新宿区×××
	氏名又は名称	株式会社　○○○○　(電話) 03(××)0000

(受給者交付用)

保険被保険者離職証明書」は、退職者の希望により会社が作成してくれるものです。退職者が会社に直接依頼しないともらえません。失業給付を受けることを考えている人は退職の際に必ず会社に作成を依頼しましょう。

■送られてくる源泉徴収票は保存しておいてください

あなたが退職してから1～2カ月ほどたつと、会社から**「給与所得の源泉徴収票」**と書かれた1枚の紙が郵送されてくるはずです。この「給与所得の源泉徴収票」は、毎年12月に給与明細とともに交付されているものとして目にしていることでしょう。

この「給与所得の源泉徴収票」は、その人のその年1年間の収入金額や毎月の給料から源泉徴収されて国に納めた税額などが記されたものです。この退職時点でもらった「給与所得の源泉徴収票」は、あなたが退職した会社で勤務していた期間分の収入額と納税額を集計したものです。仮にあなたが別の会社に転職する際は、この「給与所得の源泉徴収票」を次の職場に提出して、そこで年末調整してもらうことになります。

しかし、あなたは、今後は会社に属さない独立した事業者です。これからは自らの事業活動によって生じた収入については、自分で収入に対する所得と税金を計算して、確定申告・納税する必要が生じてきます。

退職した年と事業を開始した年が同一年で、事業で一定の所得（損失）が生じている場合、その事業による収入・費用の明細とともに、この支給された「給与所得の源泉徴収票」を添付して確定申告をすることになりますので、「給与所得の源泉徴収票」は大切に保管しておきましょう。

■退職金から所得税を差し引いてもらいましょう

会社を退職したときにもらう退職金は、給与などほかの所得と分離して所得税がかかります。退職金については退職時に会社で所得税が源泉徴収されますので、原則として確定申告の必要はありません。ただし確定申告を不要にするためには、退職金の支払を受けるときまでに**「退職所得の受給に関する申告書」**を退職金を支払う会社を経由して、所轄の税務署長に提出する必要があります。この申告書を提出すれば、支払者が所得税を計算し、退職金から差し引いて納付します。

もし、この申告書が提出されない場合、退職金の収入金額から一律に20・42％の所得税及び復興特別所得税が源泉徴収されます。この源泉所得税は、確定申告で精算することになります。

退職する際にあなたは会社から、「退職所得の受給に関する申告書」の提出を求められるはずです。「退職所得の受給に関する申告書」に必要事項を記載・押印して会社に提出してくだ

「退職所得の受給に関する申告書」記入例

上尾 税務署長 殿 ／ 桶川 市町村長 殿　　年　月　日

年分　退職所得の受給に関する申告書　兼　退職所得申告書

退職手当の支払者の		
所在地（住所）	〒○○○－XXXX 東京都新宿区XXXX	
名称（氏名）	株式会社○○○○	
法人番号（個人番号）	※提出を受けた退職手当の支払者が記載してください。 XXXXX○○○○△△△△	

あなたの	
現住所	〒363-0000 埼玉県桶川市春日1-22-33
氏名	坂本　久志
個人番号	XXXX○○○○△△△△
その年1月1日現在の住所	同上

A このA欄には、全ての人が、記載してください。（あなたが、前に退職手当等の支払を受けたことがない場合には、下のB以下の各欄には記載する必要がありません。）

① 退職手当等の支払を受けることとなった年月日　令和○ 年 11 月 30 日

② 退職の区分等　＜一般・障害の区分＞ 一般（○）・障害［　　］　＜生活扶助の有無＞ 有・無（○）

③ この申告書の提出先から受ける退職手当等についての勤続期間　自 令和× 年 4 月 1 日　至 令和○ 年 11 月 30 日　12 年
- うち 特定役員等勤続期間　有・無　自　年　月　日　至　年　月　日　年
- うち 一般勤続期間との重複勤続期間　有・無　自　年　月　日　至　年　月　日　年
- うち 短期勤続期間との重複勤続期間　有・無　自　年　月　日　至　年　月　日　年
- うち 短期勤続期間　有・無　自　年　月　日　至　年　月　日　年

B あなたが本年中に他にも退職手当等の支払を受けたことがある場合には、このB欄に記載してください。

④ 本年中に支払を受けた他の退職手当等についての勤続期間　自　年　月　日　至　年　月　日
- うち 特定役員等勤続期間　有・無　自　年　月　日　至　年　月　日　年
- うち 短期勤続期間　有・無　自　年　月　日　至　年　月　日　年

⑤ ③と④の通算勤続期間　自　年　月　日　至　年　月　日　年
- うち 特定役員等勤続期間　有・無　自　年　月　日　至　年　月　日　年
- うち 一般勤続期間との重複勤続期間　有・無　自　年　月　日　至　年　月　日　年
- うち 短期勤続期間との重複勤続期間　有・無　自　年　月　日　至　年　月　日　年
- うち 全重複勤続期間　有・無　自　年　月　日　至　年　月　日　年
- うち 短期勤続期間　有・無　自　年　月　日　至　年　月　日　年
- うち 一般勤続期間との重複勤続期間　有・無　自　年　月　日　至　年　月　日　年

C あなたが前年以前4年内（その年に確定拠出年金法に基づく老齢給付金として支給される一時金の支払を受ける場合には、19年内）に退職手当等の支払を受けたことがある場合には、このC欄に記載してください。

⑥ 前年以前4年内（その年に確定拠出年金法に基づく老齢給付金として支給される一時金の支払を受ける場合には、19年内）の退職手当等についての勤続期間　自　年　月　日　至　年　月　日

⑦ ③又は⑤の勤続期間のうち、⑥の勤続期間と重複している期間　自　年　月　日　至　年　月　日　年
- ㋑ うち 特定役員等勤続期間との重複勤続期間　有・無　自　年　月　日　至　年　月　日　年
- ㋺ うち 短期勤続期間との重複勤続期間　有・無　自　年　月　日　至　年　月　日　年

D A又はBの退職手当等についての勤続期間のうちに、前に支払を受けた退職手当等についての勤続期間の全部又は一部が通算されている場合には、その通算された勤続期間等について、このD欄に記載してください。

⑧ Aの退職手当等についての勤続期間（③）に通算された前の退職手当等についての勤続期間　自　年　月　日　至　年　月　日　年
- うち 特定役員等勤続期間　有・無　自　年　月　日　至　年　月　日　年
- うち 短期勤続期間　有・無　自　年　月　日　至　年　月　日　年

⑨ Bの退職手当等についての勤続期間（④）に通算された前の退職手当等についての勤続期間　自　年　月　日　至　年　月　日　年
- うち 特定役員等勤続期間　有・無　自　年　月　日　至　年　月　日　年
- うち 短期勤続期間　有・無　自　年　月　日　至　年　月　日　年

⑩ ③又は⑤の勤続期間のうち、⑧又は⑨の勤続期間だけからなる部分の期間　自　年　月　日　至　年　月　日　年
- ㋩ うち 特定役員等勤続期間　有・無　自　年　月　日　至　年　月　日　年
- ㋥ うち 短期勤続期間　有・無　自　年　月　日　至　年　月　日　年

⑪ ⑦と⑩の通算期間　自　年　月　日　至　年　月　日　年
- ㋭ うち ㋑と㋩の通算期間　自　年　月　日　至　年　月　日　年
- ㋬ うち ㋺と㋥の通算期間　自　年　月　日　至　年　月　日　年

E B又はCの退職手当等がある場合には、このE欄にも記載してください。

区分		退職手当等の支払を受けることとなった年月日	収入金額（円）	源泉徴収税額（円）	特別徴収税額 市町村民税（円）	特別徴収税額 道府県民税（円）	支払を受けた年月日	退職の区分	支払者の所在地（住所）・名称（氏名）
B	一般	・　・					・　・	一般・障害	
B	特定役員	・　・					・　・	一般・障害	
B	短期	・　・					・　・	一般・障害	
C		・　・					・　・	一般・障害	

03.12 改正　　（規格A4）

※この記載例は執筆時点の様式及び記載例に基づいております。

さい。これによってあなたは確定申告など特別な手続をする必要はなくなります。

■その年の住民税を精算してください

これまで毎月の給料から住民税が徴収される制度**（特別徴収）**を選択していた人は、退職するとき、残りの税金を最後の給料から一括で納付するか、あとから自分で納付する**（普通徴収）**か、いずれかを選択します。

住民税の課税年度は前年で、それを今年の6月から翌年5月まで12カ月間、毎月の給与から差し引いて納税することとなっています。そのため9月に退職した場合、10月から翌年5月までの8カ月分の住民税が未払分として残ります。

これを一括で支払うことを選択すると、残りの未払の住民税が9月分の住民税と一緒に9月分の給与から差し引かれます。

普通徴収とは、通常年4回（6月・8月・10月・1月）を自分で納税する制度です。したがってあなたが普通徴収を選択した場合、未払の住民税は、残りの納期限の回数（この場合は10月と1月の2回）で支払うことになります。納税通知書が自宅に送付されてきますので、それぞれの期限までに金融機関等で納付することになります。

なお、1月以降に退職した場合は原則的に一括徴収になります。

また住民税は後払のため、会社を退職してその後の収入がなくなっても、その年の所得金額等によっては翌年も課税が発生しますので、注意してください。

■保険に加入して開業後のリスクに備えます

あなたは今後個人事業主として、これまでより一層の社会的責任を負うことになります。事業に資金を投入し、不足分は借入金に頼ることになるでしょう。もしもあなたの身に万が一のことがあったら、どうなってしまうでしょうか。事業上の関係者に迷惑をかけるだけでなく、生活の糧を失った家族や従業員までもが路頭に迷ってしまうことにもなりかねません。

このような事態を避けるために保険に加入しておいたほうがよいでしょう。死亡や病気に備えて**生命保険**。事故や入院などでの所得の減少に備えた**損害保険**や**所得補償保険**や自分の退職時に備えた**小規模企業共済・退職年金**など。今後の生活は人生終了まで自己責任となります。あなたに万が一のことがあっても、保険金で借入金の残債の清算とその後の家族や従業員の生活を保障できるようになるでしょう。

生命保険や個人年金や介護医療保険に加入しておけば税務上の面でも有利に働く点があります。生命保険の保険料と個人年金の掛金は確定申告において**「生命保険料控除額」**として所得金額から差し引くことができます。また、保険金の受取人を相続人名義にしておけば、受取保険金額のうち一定額は相続税の課税対象にはなりません。

2 開業前に必ず準備しておくことがあります

■事業を行うための堅実な準備が始めの一歩です

言うまでもないことですが、例えば「こんな会社辞めてやる！」で退職して、「とりあえず事業でも」という思いつきで始めるような事業は必ず失敗します。会社を退職するまで、少なくても構想から実現まで3年ぐらいの準備期間は持ちたいものです。資金の蓄積・技術の修得・営業方法や経営理念の勉強など十分納得するまで堅実に準備しましょう。

事業を始めると一人で何役もの実務をこなす能力が必要です。会社時代のように役割分担というわけにはいきません。掃除からお金の決済まですべて自分がやるのです。気持ちの切り替えは早めに、そして事業開始までの準備は長めにというところがポイントです。

■商売の看板である屋号をつけましょう

あなたは今まで会社の看板を背負ってお客様に接し商売をしていたわけですが、これからはあなた自身を売り込んでいかなければなりません。そのためには社会からなんらかの信用を得る必要があります。

信用を得るための最初の機会となるのが、初対面の人に挨拶をして名刺交換をするときです。ビジネスの世界はとてもシビアです。あなたが、ネームバリューのある人なら個人の名刺であってもそれなりに信用されるでしょうが、社名が入っている名刺と全くの個人の名刺とでは、相手の印象が全く違ってくるのです。

ですから、開業の際はまず**社名（屋号）をつける**ことからスタートすることが重要です。屋号をつけることで得られるメリットは、社名によってお客さんに自分の目的を知らせ、印象を与えることのほかに、プライベートと事業の経費の区別をはっきりさせることができる点もあります。例えば、ノート1冊買っても、領収書を屋号で切ってもらえば、明確に事業の必要経費としての証拠書類になります。

■将来、会社になることも見越して屋号を検討しましょう

会社法の改正により、資本金が1円から株式会社を作ることができるようになりました。また、会社には、費用が安く、容易に設立が可能な合同会社という形態もあります（有限会社は会社法の改正以降設立ができなくなりました）。そのため、個人事業も順調に業績が上がって

いけば、将来的に、会社経営にグレードアップすることも視野に入れておく必要があります。屋号がそのまま会社の名前になるということも考えておくのです。

なお、会社法の改正では、同一登記所管内で、同じ会社名を認めない類似商号禁止という制度がなくなり、自由に社名をつけられるようになりました。ですが、商標権などの権利は、従来どおり先に名称を持つ会社に認められています。無用なトラブルを避ける意味でも近隣に同じ屋号の会社がないかを調べておきましょう。

■屋号ネーミングのポイントは?

屋号を決めるに当たっては、覚えやすい名前、呼びやすい名前がいいでしょう。自分の名前を入れたり、開業場所を入れたりしてもいいと思います。仕事の電話に出るときには、この屋号で応対することになりますので、声に出してみてさらっと言える名前にしましょう。ビジネスですから、あまり変な屋号や、クライアントに「ここに頼んで大丈夫だろうか……」と不安を抱かせるような名前もやめたほうが賢明です。

■すべてはここから始まります、開業日を決めましょう

開業日は自分が新しい旅立ちをする大事な日です。あなたにとって最も気持ちのいい日にし

ましょう。例えば資格や認可・許可の下りた日や自分の誕生日など、心と体の準備をしっかり持てた日などが考えられます。あなたが縁起を担ぐ人でしたら、大安吉日を選ぶのもよい選択だと思います。いずれにしても5年後、10年後に自分の努力を確認する日になるでしょう。開業時の苦労を楽しく語れるようにしたいものです。

■事業所の場所選びは念入りに行ってください

事業所はあなたが営む事業にとって最も都合がいい場所が望ましいでしょう。選択する上でのポイントとしては、以下の点が考えられます。

①自分が営む業種業態と商圏内の客層とがマッチすること

例えば工場街に高級洋菓子店を設けても繁盛が見込まれないように、自分の事業に対して多くのニーズが発生しそうな場所を選択すべきです。

②繁華街、住宅街、オフィス街など自分の事業に関係する多くの人が集まると見込まれる場所であること

③交通の便がよい場所であること

④わかりやすい場所であること

事業に関係のある人が事業所を訪問する場合、交通の便とともに所在地がわかりやすいほうが心理的抵抗感は薄れます。

⑤競合店が少ない場所であること

その商売が繁盛しない環境である可能性もあります。事前の調査が必要です。

⑥再開発地域など将来的な発展が見込まれる場所であること

⑦自宅から通勤圏内であること

■パンフレット、ホームページの作成は不可欠です

パンフレットはまさに事業者にとっては対外的な「顔」となるので、多少お金を投じてもしっかりとした見栄えのよいものを作成するべきです。小冊子の限られたスペースの中でアピールポイントを端的にかつ、スタイリッシュにまとめてあると、それを読む人はあなたにセンスを感じ、信頼感も生まれてくるというものです。

事業用のホームページを作成しましょう。いまや事業をする人がホームページを持っていることは当たり前の時代です。事業の概要やあなたのプロフィールなど、パンフレットの記載と同じようなものであっても、インターネット上で不特定多数の人がアクセスできる環境にしておけば、潜在的なお客さんを獲得できるフィールドができることになり、それだけで十分な営業の

役割も果たします。商品サンプルなども画像で見ることができるようにしておけば、よりいっそう便利なツールとしての効果を発揮することでしょう。

■1種類でも複数でも可、工夫を凝らした名刺を作りましょう

名刺はあなたの肩書きをコンパクトに凝縮した必須の営業ツールです。名刺に記載しておくべき事項としては、氏名、屋号のほかに住所、電話番号、FAX番号、携帯電話番号、メールアドレス、URLなどが挙げられるでしょう。

名刺を作る際には、**「相手に渡したときに、はっきりと氏名や屋号、肩書などがわかるようになっていること」「相手が名刺ケースなどから見つけやすくする工夫をすること」**などに留意したいものです。なお名刺は1種類に限る必要はなく、TPOに応じて数種類を使い分けるのも効果的だと思います。

■開業の挨拶状を送って事業のスタートです

開業の準備が整ったならば、開業したことを公表する必要があります。次ページの文例などを参考に前の職場でお世話になった人、今後お客さんとして取引していく人などに開業の挨拶状を送りましょう。

開業挨拶状の文例

謹啓
　新春の候、皆様にはますますご盛栄のこととお喜び申し上げます。平素は格別のご厚誼を賜り、厚くお礼申し上げます。さて、令和　　年一月一日、リザルトとして独立し、新宿区に新しく店舗を開設いたしました。
　これからは、時代の流れをしっかり見据えて、皆様のご期待に応えてまいる所存です。どうぞ今後とも宜しくご高配賜りますようお願い申し上げます。
　皆様のますますのご多幸を祈念しつつ、略儀ながら寸書をもって店舗開設のご挨拶といたします。

謹白

令和　　年一月十五日

名称　リザルト
住所　東京都新宿区西新宿二丁目三十三番四十四号
電話　03（3333）3333
FAX　03（3333）3334
代表　坂本　久志

第2章

事業開始に必要な届出を行いましょう

開業に当たって必要な届出があります。事業者として必ず行わなければならない届出に加え、開業時に出しておくことで税務上有利になる届出を紹介します。

個人事業開業に伴う公官庁への提出書類一覧

<table>
<tr><th>届出先</th><th>届出書類</th><th>提出期限・留意点</th><th>チェック</th></tr>
<tr><td rowspan="7">税務署</td><td>個人事業の開廃業届出書➡P31</td><td>開業の日から1カ月以内</td><td></td></tr>
<tr><td>所得税のたな卸資産の評価方法・減価償却資産の償却方法の届出書➡P47</td><td>●最初の確定申告書の提出期限まで
●届出なかった場合、たな卸資産については最終仕入原価法、減価償却資産については定額法で計算する</td><td></td></tr>
<tr><td>所得税の
青色申告承認申請書
➡P46</td><td rowspan="2">開業の日から2カ月以内（開業の日が1月1日から1月15日の間の場合は、3月15日まで）</td><td></td></tr>
<tr><td>青色事業専従者給与に関する届出書➡P44</td><td></td></tr>
<tr><td>給与支払事務所等の開設届出書➡P38</td><td>給与支払事務所等を開設した日から1カ月以内</td><td></td></tr>
<tr><td>源泉所得税の納期の特例の承認に関する申請書➡P47</td><td>●納期の特例については特に期限はなし</td><td></td></tr>
<tr><td></td><td></td><td></td></tr>
<tr><td>都道府県
税事務所</td><td>個人事業税の事業開始等申告書➡P33</td><td>開業の日から15日以内（東京都の場合）</td><td></td></tr>
<tr><td>労働基準
監督署</td><td>労働保険
保険関係成立届出
➡P38</td><td>従業員を雇用した日から10日以内</td><td></td></tr>
<tr><td>公共職業
安定所</td><td>雇用保険被保険者資格取得届➡P40</td><td>従業員を雇用した日の翌月10日まで</td><td></td></tr>
</table>

必要届出・許認可チェックリスト

許認可が必要な主な業種例

保健所が窓口の許認可

業種	区分	根拠法規
飲食店／喫茶店営業	許可	食品衛生法
菓子製造業	許可	食品衛生法
食肉販売業	許可	食品衛生法
魚介類販売業	許可	食品衛生法
豆腐製造業	許可	食品衛生法
生菓子販売業	報告	食品衛生法
乳製品販売業	報告	食品衛生法
行商	届出	食品製造業等取締条例
旅館業	許可	旅館業法
公衆浴場業	許可	公衆浴場法
クリーニング業	届出	クリーニング業法
理容業	届出	理容師法
美容業	届出	美容師法

税務署が窓口の許認可

業種	区分	根拠法規
酒類販売業	免許	酒税法

日本たばこ産業が窓口の許認可

業種	区分	根拠法規
たばこ小売販売業	許可	たばこ事業法

警察署が窓口の許認可

業種	区分	根拠法規
風俗営業	許可	風俗営業法
古物商	許可	古物業法
質屋営業	許可	質屋営業法

1 開業届を出して事業の出発です

■開業とは税金を払うということです

前章では開業までに準備すべきことを紹介しましたが、この章では開業するに当たって行う必要のある手続等を紹介します。

あなたは今まで給与所得者であったわけですが、これからは個人事業主として税金が課税されることになります。例えば事業から生じた収入金額から経費を差し引いた利益に対しては事業所得として所得税が課せられ、その利益に対しては個人事業税も課税されることになります。また、課税売上にかかる消費税から課税仕入にかかる消費税を差し引いた残額があるときは消費税の申告書を提出し、納税する必要が生じてきます。

この所得税・消費税は国税として税務署に、個人事業税は地方税として各都道府県税事務所に納める税金です。それゆえ、それぞれの税務当局に対して個人事業主として開業したことを報告する必要があります。

この税務署に対する届出を「個人事業の開廃業届出書」、都道府県税事務所に対する届出を「個人事業税の事業開始等申告書」と言います。

これが、いわゆる開業届にあたるものです。

■「個人事業の開廃業届出書」を提出してください

税務署に対する開業の届出である「個人事業の開廃業届出書」は**開業してから1カ月以内**に提出してください。この届出書は国税庁のホームページ（http://www.nta.go.jp/）からダウンロードすることができます。

ちなみに開業に際して税務署に対して提出すべき、もしくは提出できる届出はこの「個人事業の開廃業届出書」のほかにいくつかあります。これらの届出書のフォーマットはすべて国税庁のホームページからダウンロードできます。実際に提出するときは一度で終わらせたほうが作業の手間が省けるので効率的です。

届出書の書き方を説明しましょう。

次ページに掲げたのは、1月1日に開業した場合の例です。

納税地は、その場所を管轄する税務署・都道府県税事務所に対して申告書を提出し、税金を納めることになる場所です。納税地は原則として住所地ですが、事業所の所在地等を納税地と

「個人事業の開業・廃業等届出書」の記入例

税務署受付印

1040

個人事業の開業・廃業等届出書

上尾　税務署長

　年　1月　31日提出

納税地	◯住所地（丸囲み）・○居所地・○事業所等（該当するものを選択してください。） （〒363 － 0000） 埼玉県桶川市春日1-22-33 （TEL 042 － 111 － 1111）
上記以外の住所地・事業所等	納税地以外に住所地・事業所等がある場合は記載します。 （〒163 － 0437） 東京都新宿区西新宿2-33-44　あかねビル4階 （TEL 03 － 3333 － 3333）
フリガナ	ｻｶﾓﾄ　ﾋｻｼ
氏名	坂本　久志
生年月日	○大正・◯昭和（丸囲み）・○平成・○令和　44年　7月　1日生
個人番号	1 2 3 4 5 6 7 8 9 0 1 2
職業	自営業
屋号（フリガナ）	リザルト

個人事業の開廃業等について次のとおり届けます。

届出の区分	◯開業（丸囲み）（事業の引継ぎを受けた場合は、受けた先の住所・氏名を記載します。） 住所　　氏名 事務所・事業所の（○新設・○増設・○移転・○廃止） ○廃業（事由） （事業の引継ぎ（譲渡）による場合は、引き継いだ（譲渡した）先の住所・氏名を記載します。） 住所　　氏名
所得の種類	○不動産所得・○山林所得・◯事業（農業）所得（丸囲み）〔廃業の場合……○全部・○一部（　　）〕
開業・廃業等日	開業や廃業、事務所・事業所の新増設等のあった日　　年　月　日
事業所等を新増設、移転、廃止した場合	新増設、移転後の所在地　（電話） 移転・廃止前の所在地
廃業の事由が法人の設立に伴うものである場合	設立法人名　　代表者名 法人納税地　　設立登記　年　月　日
開業・廃業に伴う届出書の提出の有無	「青色申告承認申請書」又は「青色申告の取りやめ届出書」　◯有（丸囲み）・○無 消費税に関する「課税事業者選択届出書」又は「事業廃止届出書」　○有・○無
事業の概要（できるだけ具体的に記載します。）	コンピュータ部品の販売

給与等の支払の状況 区分	従事員数	給与の定め方	税額の有無
専従者	1人	月給	◯有（丸囲み）・○無
使用人	1	月給	◯有（丸囲み）・○無
			○有・○無
計	2		

その他参考事項

源泉所得税の納期の特例の承認に関する申請書の提出の有無	◯有（丸囲み）・○無	給与支払を開始する年月日	年　月　日

関与税理士

（TEL　－　－　）

税務署整理欄	整理番号	関係部門連絡	A	B	C	番号確認	身元確認
	0						□ 済 □ 未済
	源泉用紙交付	通信日付印の年月日	確認	確認書類 個人番号カード／通知カード・運転免許証 その他（　　）			
		年　月　日					

※この記載例は執筆時点の様式及び記載例に基づいております。

して選択することもできます。その際は別途届出をする必要があります。

事業の概要は、できるだけ詳しく漏れがないように記載してください。屋号が決まっていればそれも記入する必要があります。

「給与等の支払の状況」欄の、「給与の定め方」欄には日給・月給などの区分を記載します。「税額の有無」欄には、各人ごとの給与額や扶養親族の状況を総合的に勘案して、納めるべき税額の有無をそれぞれ○で囲んでください。「源泉所得税の納期の特例の承認に関する申告書の提出の有無」欄がありますが、これについては47ページを参照してください。

なお、この届出書は電子申告システムe-Taxで提出することができます（35ページ参照）。

■「個人事業税の事業開始等申告書」を提出してください

都道府県税事務所に対する開業の届出である「個人事業税の事業開始等申告書」は**開業してから15日以内**に提出してください（届出の名称は場所によって異なります）。各都道府県税事務所に対するものは、場所によっては各都道府県庁のホームページ上で対応しているところもあります（東京都の場合は東京都主税局（http://www.tax.metro.tokyo.lg.jp/）のホームページからダウンロードできます）。

書き方については、次ページの例を参考にして記入してください。

「個人事業税の事業開始等申告書」の記入例

第32号様式（甲）（条例第26条関係）

受付印

事業開始等申告書（個人事業税）

		新（変更後）	旧（変更前）	
事務所（事業所）	所　在　地	東京都新宿区西新宿2-33-44 電話　03（3333）3333	電話　　（　　）	
	名称・屋号	リザルト		
	事業の種類	コンピュータ部品の販売		
	事業主住所が事務所（事業所）所在地と同じ場合は、下欄に「同上」と記載する。 なお、異なる場合で、事務所（事業所）所在地を所得税の納税地とする旨の書類を税務署長に提出する場合は、事務所（事業所）所在地欄に○印を付する。			
事業主	住　　所	埼玉県桶川市春日1-22-33 電話042（111　）1111	電話　　（　　）	
	フリガナ	サカモト　ヒサシ		
	氏　　名	坂本　久志		
開始・廃止・変更等の年月日		令和○年　1　月　1　日	事由等	開始・廃止・※法人設立 その他（　　）
※法人設立	所　在　地		法人名称	
	法人設立年月日	年　月　日（既設・予定）	電話番号	

東京都都税条例第26条の規定に基づき、上記のとおり申告します。

令和○　年　1　月　15　日

氏名　坂本　久志

新宿　都税事務所長／支　庁　長　殿

（日本産業規格A列4番）

備考　この様式は、個人の事業税の納税義務者が条例第26条に規定する申告をする場合に用いること。

都・個

※この記載例は執筆時点の東京都の様式及び記載例に基づいております。

■電子申告に挑戦してみましょう

確定申告の方法で飛躍的に増えているのが、国税電子申告・納税システム「e-Tax」です。年々利用しやすいシステムに改正され、さらに税金が安くなる特典を受けられます。また、前述のように「個人事業の開業・廃業等届出書」もe-Taxにより提出することができます。

電子申告は、パソコンとインターネットが使用できる環境があれば可能です。

申告の手順を説明しましょう。

①電子証明書の取得

電子証明書とはインターネット上で本人であることを電子的に証明する書類です。マイナンバーカードがこれにあたり、市区町村役場で取得できます。

②「電子申告・納税等開始（変更等）届出書」の提出

所轄の税務署に「電子申告・納税等開始（変更等）届出書」を提出します（インターネットでの登録も可能）。

③電子証明書等の登録

郵送により②の届出書を提出した場合には、税務署から利用者識別番号及び暗証番号が送られてきます（インターネットでの登録の場合には即時に発行されます）。e-Taxにアクセスし、ソフトをダウンロードし、インストール後に登録作業をします。このとき、カードリーダーが必要です。

④申告手続

確定申告の提出期間（2月16日～3月15日）になったら申告データをe‐Taxに入力し、電子署名をして送信します。これで申告は完了です。申告したデータをプリントアウトまたはデータ保存して、送られてきた「即時通知」とメッセージボックスに入っている「受信通知」を合わせて画像保存かプリントして保存しましょう。申告の内容によっては書類の提出が必要な場合があります。

2 従業員を雇うと届出が必要です

開業すると同時に従業員を雇う場合には、次の書類を提出することになります。

①給与支払事務所等の開設届出書
②労働保険 保険関係成立届出
③雇用保険被保険者資格取得届
④青色事業専従者給与に関する届出書

なお「青色事業専従者給与に関する届出書」は必ず提出しなければならないものではありませんが、青色申告を選択して、家族の事業専従者がいる場合には、その利点を生かすために是非提出しておくべき届出書です。順に説明していきましょう。

■「給与支払事務所等の開設届出書」を提出してください

この届出書は、**給与を支払う事務所や店舗を開設した日から1カ月以内**に、所轄の税務署に提出します。

新しく社員やパートを雇った場合に提出が必要となってくるものなので、一人で仕事をする場合は提出の必要はありません。

■労災保険の加入手続は必ず行っておきましょう

労働保険には、労働基準監督署に届ける**労働者災害補償保険**と、公共職業安定所に届ける**雇用保険**の二つがあります。ここではまず、労働者災害補償保険について説明していきます。

労働者災害補償保険とは、一般的に「労災保険」と呼ばれているもので、職務上の怪我や病気、通勤時に災害を受けた場合に、その被災した労働者または遺族に対して必要な保険給付を行うものです。

労働者災害補償保険は、基本的に労働者である従業員のための保険ですので、本来的には個人事業主は保護の対象外として加入できないことが建前としてあります。

ただし、この労働者災害補償保険には特別加入制度があります。個人事業主自ら前線に立って仕事をする場合、一般の労働者と同様、怪我や病気などの災害に見舞われることも十分考え

「給与支払事務所等の開設届出書」の記入例

※整理番号	

税務署受付印

給与支払事務所等の開設・移転・廃止届出書

令和　年　月　日

上尾　税務署長殿

所得税法第230条の規定により次のとおり届け出ます。

事務所開設者		
	住所又は本店所在地	〒 363-0000 埼玉県桶川市春日1-22-33 電話（ 042 ） 111 － 1111
	（フリガナ）	
	氏名又は名称	リザルト
	個人番号又は法人番号	↓個人番号の記載に当たっては、左端を空欄とし、ここから記載してください。 ○ ○ ○ ○ X X X X △ △ △ △
	（フリガナ）	ｻｶﾓﾄ ﾋｻｼ
	代表者氏名	坂本　久志

（注）「住所又は本店所在地」欄については、個人の方については申告所得税の納税地、法人については本店所在地（外国法人の場合には国外の本店所在地）を記載してください。

(開設)・移転・廃止年月日	令和 ○ 年 1 月 1 日	給与支払を開始する年月日	令和 ○ 年 1 月 25 日

○届出の内容及び理由
（該当する事項のチェック欄□に✓印を付してください。）

		「給与支払事務所等について」欄の記載事項 開設・異動前	異動後
開設	☑ 開業又は法人の設立		
	□ 上記以外 ※本店所在地等とは別の所在地に支店等を開設した場合	開設した支店等の所在地	
移転	□ 所在地の移転	移転前の所在地	移転後の所在地
	□ 既存の給与支払事務所等への引継ぎ （理由）□ 法人の合併　□ 法人の分割　□ 支店等の閉鎖 □ その他 （　　　）	引継ぎをする前の給与支払事務所等	引継先の給与支払事務所等
廃止	□ 廃業又は清算結了　□ 休業		
その他（　　　）		異動前の事項	異動後の事項

○給与支払事務所等について

	開設・異動前	異動後
（フリガナ）		
氏名又は名称	リザルト	
住所又は所在地	〒 163-0437 東京都新宿区西新宿2-33-44 電話（ 03 ） 3333 － 3333	〒 電話（　　）　－
（フリガナ）	ｻｶﾓﾄ ﾋｻｼ	
責任者氏名	坂本　久志	

従事員数	役員　人	従業員 2 人	（　）人	（　）人	（　）人	計　人

（その他参考事項）

税理士署名	

※税務署処理欄	部門		決算期		業種番号		入力		名簿等		用紙交付		通信日付印	年 月 日	確認	
	番号確認	身元確認 □ 済 □ 未済	確認書類 個人番号カード／通知カード・運転免許証 その他（　　）													

（規格A4）

03.06 改正

※この記載例は執筆時点の様式及び記載例に基づいております。

られます。特別加入とはそういった場合を想定し、個人事業主でも加入できるようにしている制度です。それゆえ、この特別加入制度は加入が強制されるものではなく、あくまで加入は任意のものです。

この労働保険に加入するために提出する書類が**「労働保険 保険関係成立届出」**で、**従業員を雇用した日から10日以内**に所轄の労働基準監督署に提出します。労働基準監督署で保険関係成立届出が受理されると、あなたの事業所の保険番号が決定されます。

■従業員のために雇用保険の手続を行ってください

雇用保険とは、一般に失業保険と言われるもので、これには個人事業主本人は加入することができません。雇用保険は、従業員が退職した場合、または従業員を解雇した場合などに失業給付を支払い、従業員とその家族を一定期間保護し、早期に再就職できるように援助するための制度です。

この制度に加入するために、**「雇用保険被保険者資格取得届・区分変更届」**を公共職業安定所に提出します（43ページ）。この手続は、**従業員を雇った日の属する月の翌月10日まで**に提出する必要があります。

書式中の「2.被保険者番号」には、雇った人が以前に雇用保険に入っていた場合には、その

「労働保険　保険関係成立届出」の記入例

様式第1号（第4条、第60条、附則第2条関係）(1)（表面）

提出用

年 1 月 10 日

労働保険 保険関係成立届（継続）（事務処理委託届）
労働保険 保険関係成立届（有期）
任意加入申請書（事務処理委託届）

⑯種別 31600

下記のとおり （イ）届けます。（ロ）労災保険 （ハ）雇用保険 の加入を申請します。

労働局長
労働基準監督署長
公共職業安定所長 殿

※修正項目番号　※漢字修正項目番号　※労働保険番号（府県 所掌 管轄(1) 基幹番号 枝番号）項1

⑰住所（カナ）
郵便番号 163-0437 項2　住所 シンジュクク 項3
住所（つづき）ニシシンジュク 項4
住所（つづき）2-33-44 項5
住所（つづき）アカネビル ヨンカイ 項6

⑱住所（漢字）
住所 新宿区 項7
住所（つづき）西新宿 項8
住所（つづき）2-33-44 項9
住所（つづき）あかねビル 4階 項10

事業主

⑲名称・氏名（カナ）
名称・氏名 リザルト 項11
名称・氏名（つづき）サカモト ヒサシ 項12
名称・氏名（つづき） 項13
電話番号（市外局番）03 （市内局番）3333 （番号）3333 項14

⑳名称・氏名（漢字）
名称・氏名 リザルト 項15
名称・氏名（つづき）坂本 久志 項16
名称・氏名（つづき） 項17

①本社又は本店　所在地 埼玉県桶川市春日1-22-33　名称 坂本 久志

②事業　住所又は所在地 郵便番号 163-0437 東京都新宿区西新宿2-33-44 電話番号 03-3333-3333番　氏名又は名称 リザルト

③事業の概要 コンピュータ部品の販売

④事業の種類 その他の各種事業

⑤加入済の労働保険 （イ）労災保険 （ロ）雇用保険

⑥保険関係成立年月日 （労災）年 1月 1日 （雇用）年 1月 1日

⑦雇用保険被保険者数 一般・短期 2人 日雇 人

⑧賃金総額の見込額 0000 千円

⑨委託事務組合 所在地 郵便番号　名称 電話番号 － － 番　代表者氏名 記名押印又は署名

⑩委託事務内容

⑪事業開始年月日 年 月 日

⑫事業廃止等年月日 年 月 日

⑬建設の事業の請負金額 円

⑭立木の伐採の事業の素材見込生産量 立方メートル

⑮発注者 住所又は所在地 郵便番号 電話番号 － － 番　名称又は氏名

保険関係成立年月日 ※任意加入認可年月日（元号：平成は7） 元号 9 年 月 1 日 1 項18

㉑事務処理委託年月日 事業終了予定年月日（元号：平成は7） 元号 年 月 日 項19

㉒常時使用労働者数 十 万 千 百 十 人 2 項20

※保険関係等区分 項21

㉓雇用保険被保険者数 十 万 千 百 十 人 2 項22

㉔免除対象高年齢労働者数 万 千 百 十 項23

※片保険理由コード 項24

㉕加入済労働保険番号（府県 所掌 管轄(1) 基幹番号 枝番号）項25

㉖適用済労働保険番号1（府県 所掌 管轄(1) 基幹番号 枝番号）項26

㉗適用済労働保険番号2（府県 所掌 管轄(1) 基幹番号 枝番号）項27

※雇用保険の事業所番号 項28　※府県区分 項29　※特掲コード 項30　※管轄(2) 項31　※業種 項32　※産業分類 項33　※データ指示コード 項34　※再入力区分 項35

※修正項目（英数・カナ）

※修正項目（漢字）

氏名（法人のときは代表者氏名）　記名押印又は署名

番号を記入します。つまり被保険者番号は個人についている番号で、会社がかわっても従業員として働いている限り、ずっとついて回る番号です。

もう一つ注意したいのが「13.職種」です。

これには以下の中から選んで記入します。

1…管理的職業
2…専門的技術的職業
3…事務的職業
4…販売の職業
5…サービスの職業
6…保安の職業
7…農林漁業の職業
8…生産工程の職業
9…輸送・機械運転の職業
10…建設・採掘の職業
11…運搬・清掃・包装等の職業

いざというときに失業保険が給付されないという状況にならないためにも、事業主の責任としてこれらの手続は確実に行いましょう。

「雇用保険被保険者資格取得届」の記入例

様式第2号（第6条関係）

雇用保険被保険者資格取得届

標準字体 0 1 2 3 4 5 6 7 8 9

（必ず第2面の注意事項を読んでから記載してください。）

帳票種別 19101

1. 個人番号 123412341234

2. 被保険者番号 9876－543210－7

3. 取得区分 2（1 新規　2 再取得）

4. 被保険者氏名 黒木　美雄　フリガナ（カタカナ） クロキヨシオ

5. 変更後の氏名　フリガナ（カタカナ）

6. 性別 1（1 男　2 女）

7. 生年月日 3－530906（元号 年 月 日）（2 大正　3 昭和　4 平成　5 令和）

8. 事業所番号 □□□□－□□□□□□－□

9. 被保険者となったことの原因 2

（1 新規雇用（新規学卒）　2 新規（その他）雇用　3 日雇からの切替　4 その他　8 出向元への復帰等（65歳以上））

10. 賃金（支払の態様－賃金月額：単位千円） 1－210（百万 十万 万 千円）（1 月給　2 週給　3 日給　4 時間給　5 その他）

11. 資格取得年月日 □－□□□□□□（元号 年 月 日）（4 平成　5 令和）

12. 雇用形態 7（1 日雇　2 派遣　3 パートタイム　4 有期契約労働者　5 季節的雇用　6 船員　7 その他）

13. 職種 04（01～11）第2面参照

14. 就職経路 2（1 安定所紹介　2 自己就職　3 民間紹介　4 把握していない）

15. 1週間の所定労働時間 40□□（時間 分）

16. 契約期間の定め 2

1 有 ― 契約期間 □－□□□□□□（元号 年 月 日）から □－□□□□□□（元号 年 月 日）まで（4 平成　5 令和）

契約更新条項の有無 □（1 有　2 無）

2 無

事業所名　　　備考

17欄から23欄までは、被保険者が外国人の場合のみ記入してください。

17. 被保険者氏名（ローマ字）（アルファベット大文字で記入してください。）

被保険者氏名〔続き（ローマ字）〕

18. 在留カードの番号（在留カードの右上に記載されている12桁の英数字）

19. 在留期間 □□□□□□□□ まで（西暦 年 月 日）

20. 資格外活動の許可の有無 □（1 有　2 無）

21. 派遣・請負就労区分 □（1 派遣・請負労働者として主として当該事業所以外で就労する場合　2 1に該当しない場合）

22. 国籍・地域（　　）

23. 在留資格（　　）

※公共職業安定所記載欄

24. 取得時被保険者種類 □□（1 一般　2 短期常態　3 季節　11 高年齢被保険者（65歳以上））

25. 番号複数取得チェック不要 □（チェック・リストが出力されたが、調査の結果、同一人でなかった場合に「1」を記入。）

26. 国籍・地域コード □□□（22欄に対応するコードを記入）

27. 在留資格コード □□（23欄に対応するコードを記入）

雇用保険法施行規則第6条第1項の規定により上記のとおり届けます。

令和　年　1月　10日

住　所　埼玉県桶川市春日1－22－33

事業主　氏　名　坂本　久志

電話番号　042　-111　-1111

公共職業安定所長　殿

社会保険労務士記載欄	作成年月日・提出代行者・事務代理者の表示	氏名	電話番号

※備考

※所長	次長	課長	係長	係	操作者

確認通知　令和　年　月　日

2021. 9

※この記載例は執筆時点の様式及び記載例に基づいております。

（この用紙は、このまま機械で処理しますので、汚さないようにしてください。）

■親族の給料を経費にできる届出があります

青色事業専従者給与とは、青色申告を選択した個人事業者が、生計を一にする配偶者や親、子供などを専従者として雇う場合に、彼らに対して支払う給料のことを言います。

「青色事業専従者給与に関する届出書」を所轄税務署に提出することにより、個人事業主は青色事業専従者給与額を必要経費にすることができます。

この届出書は、**開業の日が1月15日以前なら3月15日までに、1月16日以後なら開業の日から2カ月以内**に提出してください。

また、この届出書に記載した青色事業専従者給与額を変更する場合や新しく専従者が増えた場合には、変更届出書の提出が必要です。

必要経費となる青色事業専従者給与額が妥当であるかないかは、「1　青色事業専従者給与」の欄に記載された内容によって判断されます。年齢、経験年数、仕事の内容、従事の程度、資格等を、しっかりと記入しましょう。

給与、賞与の金額も、必要経費を増やしたいばかりに、常識とかけ離れた金額を設定すると否認される恐れがあるので注意してください。【関連➡１３６ページ】

「青色事業専従者給与に関する届出書」の記入例

税務署受付印

1 1 2 0

青色事業専従者給与に関する ◯届出（○印）・○変更届出 書

上尾 税務署長

＿年 3 月 15 日提出

納税地	◯住所地（○印）・○居所地・○事業所等（該当するものを選択してください。） （〒 363 － 0000 ） 埼玉県桶川市春日1-22-33 （TEL 042 － 111 － 1111 ）
上記以外の住所地・事業所等	納税地以外に住所地・事業所等がある場合は記載します。 （〒 163 － 0437 ） 東京都新宿区西新宿2-33-44　あかねビル4階 （TEL 03 － 3333 － 3333 ）
フリガナ	サカモト　ヒサシ
氏名	坂本　久志
生年月日	○大正 ◯昭和（○印） ○平成 ○令和 44 年 7 月 1 日生
職業	コンピュータ部品の販売
フリガナ / 屋号	リザルト

＿年 1 月以後の青色事業専従者給与の支給に関しては次のとおり ◯定めた（○印）・○変更することとした ので届けます。

1　青色事業専従者給与（裏面の書き方をお読みください。）

	専従者の氏名	続柄	年齢 / 経験年数	仕事の内容・従事の程度	資格等	給料 支給期	給料 金額（月額）	賞与 支給期	賞与 支給の基準（金額）	昇給の基準
1	坂本　裕美	妻	43歳 / 8年	総務経理 毎日6時間	簿記2級	毎月25日	200,000円	6月 12月	300,000 300,000	
2										
3										

2　その他参考事項（他の職業の併有等）

3　変更理由（変更届出書を提出する場合、その理由を具体的に記載します。）

4　使用人の給与（この欄は、この届出（変更）書の提出日の現況で記載します。）

	使用人の氏名	性別	年齢 / 経験年数	仕事の内容・従事の程度	資格等	給料 支給期	給料 金額（月額）	賞与 支給期	賞与 支給の基準（金額）	昇給の基準
1	黒木　美雄	男	38歳 / 3年	営業 毎日8時間		毎月25日	210,000円	6月 12月	450,000 450,000	
2										
3										
4										

※ 別に給与規程を定めているときは、その写しを添付してください。

関与税理士

（TEL － － ）

税務署整理欄	整理番号	関係部門連絡	A	B	C		
	0						
	通信日付印の年月日		確認				
	確認者 年 月 日						

※この記載例は執筆時点の様式及び記載例に基づいております。

3 税金が有利になる届けは出さないと損です

開業するときに提出しておくと、税金上有利になる届出を紹介しましょう。税金というものは、開業当初は理解しにくいものです。詳しくは関連する項で説明していきますので、まずはこれらが大切だということを把握しておきましょう。

■所得税で得する三つの届出を利用しましょう

□所得税の青色申告承認申請書

所得税に関する申告書は**青色申告書**と**白色申告書**という2種類の申告書があります。青色申告を選択した場合、日々の取引を厳密に帳簿づけすることが求められます。簡単な作業ではありませんが、これによってさまざまな税務上の特典が受けられます。また、帳簿をつけることで事業の経営状況、財務状態が把握でき、なおかつ青色申告をしていることで、金融機関をはじめとする対外的な信用を得ることにもつながります。青色申告は必ず選択しましょう。

新たに青色申告をしようとする人は、その年の1月15日までに開業した場合は3月15日までに「青色申告承認申請書」を所轄の税務署長に提出する必要があります。なお、その年の1月16日以後に新たに開業した人は、開業の日から2カ月以内に申請すればよいことになっています。【関連⬇128ページ】

□所得税のたな卸資産の評価方法・減価償却資産の償却方法の届出書⬇48ページ

たな卸資産の評価方法や減価償却資産の償却方法の選択をする場合に提出が必要な届出です。事業の種類や取り扱う資産の性質などを総合的に勘案して有利な方法を選択しましょう。【関連⬇142・163ページ】

□源泉所得税の納期の特例の承認に関する申請書⬇49ページ

従業員の給与などを支払う際に源泉徴収した所得税は、原則としてその給与などを支払った月の翌月10日までに税務署に納付しなければなりません。しかし、給与の支給人員が9人以下の源泉徴収義務者については、源泉徴収した所得税を半年分まとめて納めることのできる特例があります。この特例の適用を受けるための届出書です。【関連⬇158ページ】

※「納期の特例」の承認を受けている源泉徴収義務者が7月から12月までの間に徴収した源泉所得税の納期限は、翌年1月20日とされています。

「棚卸資産の評価方法・減価償却資産の償却方法の届出書」の記入例

税務署受付印　　　　　　　　　　　　　　　　　　1 1 6 0

所得税の ○棚卸資産の評価方法 ○減価償却資産の償却方法 の届出書

上尾 税務署長

年　月　日提出

納税地	◎住所地・○居所地・○事業所等(該当するものを選択してください。) (〒363 － 0000) 埼玉県桶川市春日1-22-33 (TEL 042 － 111 － 1111)
上記以外の住所地・事業所等	納税地以外に住所地・事業所等がある場合は記載します。 (〒163 － 0437) 東京都新宿区西新宿2-33-44 あかねビル4階 (TEL 03 － 3333 － 3333)
フリガナ	サカモト ヒサシ
氏名	坂本 久志
生年月日	○大正 ◎昭和 ○平成 ○令和 44年 7月 1日生
職業	自営業
フリガナ / 屋号	リザルト

○棚卸資産の評価方法 ○減価償却資産の償却方法 については、次によることとしたので届けます。

1 棚卸資産の評価方法

事業の種類	棚卸資産の区分	評価方法
卸売業	商品	売価還元法

2 減価償却資産の償却方法

	減価償却資産の種類 設備の種類	構造又は用途、細目	償却方法
(1) 平成19年3月31日以前に取得した減価償却資産			
(2) 平成19年4月1日以後に取得した減価償却資産	器具備品		定率法

3 その他参考事項

(1) 上記2で「減価償却資産の種類・設備の種類」欄が「建物」の場合

建物の取得年月日　＿＿年＿＿月＿＿日

(2) その他

関与税理士

(TEL － －)

税務署整理欄	整理番号	関係部門連絡	A	B	C		
	0						
	通信日付印の年月日		確認				
	年 月 日						

※この記載例は執筆時点の様式及び記載例に基づいております。

「源泉所得税の納期の特例の承認に関する申請書」の記入例

源泉所得税の納期の特例の承認に関する申請書

※整理番号	

税務署受付印

令和　年　月　日	住所又は本店の所在地	〒163－0437 東京都新宿区西新宿2-33-44 あかねビル4階 電話　03 － 3333 － 3333
	（フリガナ）	
	氏名又は名称	リザルト
	法人番号	※個人の方は個人番号の記載は不要です。
	（フリガナ）	サカモト　ヒサシ
上尾　税務署長殿	代表者氏名	坂本　久志

次の給与支払事務所等につき、所得税法第216条の規定による源泉所得税の納期の特例についての承認を申請します。

給与支払事務所等に関する事項	給与支払事務所等の所在地 ※　申請者の住所（居所）又は本店（主たる事務所）の所在地と給与支払事務所等の所在地とが異なる場合に記載してください。	〒 電話　－　－		
	申請の日前6か月間の各月末の給与の支払を受ける者の人員及び各月の支給金額 〔外書は、臨時雇用者に係るもの〕	月区分	支給人員	支給額
		年 1 月	外 2 人	外 410,000 円
		年 2 月	外 2 人	外 410,000 円
		年　月	外 人	外 円
		年　月	外 人	外 円
		年　月	外 人	外 円
		年　月	外 人	外 円
	1　現に国税の滞納があり又は最近において著しい納付遅延の事実がある場合で、それがやむを得ない理由によるものであるときは、その理由の詳細 2　申請の日前1年以内に納期の特例の承認を取り消されたことがある場合には、その年月日			

税理士署名	

※税務署処理欄	部門		決算期		業種番号		番号		入力		名簿		通信日付印	年　月　日	確認	

03.06改正

※この記載例は執筆時点の様式及び記載例に基づいております。

※1　平成25年分からはその年の前年1月1日から6月30日までの期間における課税売上高が1000万円を超える場合に、その課税期間については納税義務が免除されないことになりました。
※2　課税売上高にかえて、給与等支払額により判定することもできます。

■消費税で得する三つの届出を利用しましょう

□消費税課税事業者選択届出書➡51ページ

前々年における課税売上高が1000万円以下の事業者は、免税事業者に該当し、その年の消費税の納税義務は免除されます。

新たに事業を開始する人は、1年目と2年目については前々年の課税売上高がないので通常は免税事業者となり、消費税の納税義務が免除されます。届出も必要ありません。[※1][※2]

しかし、この場合、課税仕入高がどんなに課税売上高を上回っても、消費税の還付を受けることはできません。これに対し、課税事業者は、課税売上と課税仕入を比較して課税仕入のほうが大きければ、消費税は還付されます。例えば開業費あるいは設備投資が多いため課税仕入が課税売上を上回りそうだと見込まれる場合には、「消費税課税事業者選択届出書」を提出して課税事業者を選択することで、余分に支払った消費税が還付されます。

課税事業者選択は、届出書を**提出した日の翌年からの適用**になります。[※3] そのため課税事業者になろうとするときは、前年の12月31日までに届出書を提出する必要があるので、どちらを選択するかは前年末までに判断しなければなりません。なお、開業初年度の場合は、最初の年の年末までに提出すればいいことになっています。また、いったん課税事業者を選択してしまうと2年間は免税事業者に戻れなくなるので注意が必要です。

※3　平成22年4月1日以後に課税事業者を選択した場合で、その選択をしてから2年間の間に設備投資したときは、一定期間（原則として3年間）は、一般課税により消費税の確定申告を行うこととなります（免税事業者や簡易課税制度を適用できません。設備投資から3年目で一定の消費税の調整計算があります）。平成28年4月1日以後に高額特定資産の購入を行った場合には、原則として3年間一般課税により申告しなければなりません（169ページ）。

「消費税課税事業者選択届出書」の記入例

第１号様式

消費税課税事業者選択届出書

収受印

令和　年　月　日	届出者	（フリガナ）	サイタマケンオケガワシカスガ
		納税地	（〒 363－0000 ） 埼玉県桶川市春日1-22-33 （電話番号 042 － 111 － 1111）
		（フリガナ）	
		住所又は居所 （法人の場合） 本店又は主たる事務所の所在地	（〒 － ） 同上 （電話番号 － － ）
		（フリガナ）	
		名称（屋号）	リザルト
		個人番号又は法人番号	↓ 個人番号の記載に当たっては、左端を空欄とし、ここから記載してください。 1 2 3 4 5 6 7 8 9 0 1 2
		（フリガナ）	サカモト　ヒサシ
		氏名 （法人の場合） 代表者氏名	坂本　久志
		（フリガナ）	
上尾 税務署長殿		（法人の場合） 代表者住所	（電話番号 － － ）

下記のとおり、納税義務の免除の規定の適用を受けないことについて、消費税法第９条第４項の規定により届出します。

適用開始課税期間	自 ○平成 ◯令和（○印） 年 1 月 1 日	至 ○平成 ◯令和（○印） 年 12 月 31 日	
上記期間の基準期間	自 ○平成 ○令和 年 月 日	左記期間の総売上高	円
	至 ○平成 ○令和 年 月 日	左記期間の課税売上高	円

事業内容等	生年月日（個人）又は設立年月日（法人）	1明治・2大正・3昭和（○印）・4平成・5令和 44 年 7 月 1 日	法人のみ記載	事業年度	自 月 日 至 月 日
				資本金	円
	事業内容	コンピュータ部品の販売	届出区分	事業開始（○印）・設立・相続・合併・分割・特別会計・その他	
参考事項			税理士署名	（電話番号 － － ）	

※税務署処理欄	整理番号		部門番号			
	届出年月日　年　月　日		入力処理　年　月　日		台帳整理　年　月　日	
	通信日付印　年　月　日	確認	番号確認	身元確認 □ 済 □ 未済	確認書類	個人番号カード／通知カード・運転免許証 その他（ ）

注意　1．裏面の記載要領等に留意の上、記載してください。
　　　2．税務署処理欄は、記載しないでください。

※この記載例は執筆時点の様式及び記載例に基づいております。

□消費税課税期間特例選択・変更届出書

個人事業者の消費税の課税期間は、1月1日からその年の12月31日までの1年間が原則です。ただし、特例として届出により課税期間を3カ月ごとまたは1カ月ごとに短縮できます。

この課税期間の特例の選択をするために提出が必要な届出書が「消費税課税期間特例選択・変更届出書」です。この届出書は**適用を受けようとする短縮にかかる各期間の開始の日の前日**までに提出することが必要です。

輸出販売などによって経常的に消費税の還付が受けられる事業者が、資金繰りの都合上、早期に還付を受けたい場合、この特例の選択を検討してみる余地はあると言えるでしょう。

ただし、3カ月または1カ月ごとに申告作業を行う必要があるので事務負担は確実に増加することになります。なお、課税期間の特例の適用を最初に受ける場合には、**その年の適用開始の日の前日**までを一つの課税期間として確定申告をしなければなりません。また、事業廃止の場合を除き、課税期間の特例の適用を受けた日から2年間は、変更はできません。[※1]

□消費税簡易課税制度選択届出書⬇54ページ

消費税を納める場合、原則として、売上に対する消費税から、仕入や経費に対する消費税を引き、税額が決定されます。後者が多い場合は還付が受けられます。

しかし、この原則的方法は事務作業が煩雑なため、売上が5000万円以下の事業者は、実

※1 なお、令和5年10月1日からいわゆる「インボイス制度」が始まりましたが、経過措置として、令和5年10月1日から令和8年9月30日を含む課税期間（個人事業者であれば令和8年分の申告まで）については納付すべき消費税額を売上税額の2割としても良い「2割特例」があります。計算がお手軽、かつ、実額計算より納付税額が安くなる可能性が高いので納税者に有利な制度ですが、**課税期間の特例を適用するとこの2割特例は使えないので注意が必要です。**

消費税法上の業種とみなし仕入率

業種	該当する事業	みなし仕入率
第一種事業*1	卸売業	90%
第二種事業*2	小売業	80%
第三種事業	農業*4、林業*4、漁業*4、鉱業、建設業、製造業、電気業、ガス業	70%
第四種事業*3	飲食店業など	60%
第五種事業	運輸通信業、サービス業、金融保険業	50%
第六種事業	不動産業	40%

*1 第一種事業とは他の者から購入した商品を、そのまま手を加えずに、「事業者」に売却する事業を言います。
*2 第二種事業とは他の者から購入した商品をそのまま手を加えずに、「消費者」に売却する事業を言います。
*3 その他自己において使用していた固定資産の売却も第四種事業に該当します。
*4 軽減税率の対象となる一定の飲食品類の譲渡は第二種事業に該当します。

際の課税仕入額にかかわらず、課税売上に対して、業種ごとに定められている「みなし仕入率」を適用して課税仕入額を算出する方法があります。これを**簡易課税方式**と言います。簡易課税方式を選択することで、税額計算が簡単であるばかりか、実際に支払った金額よりも多くの金額を控除できる可能性があります。

この方式を選択するための「消費税簡易課税制度選択届出書」の提出期限は、課税事業者の選択と同様、**前年末日まで**です（**開業初年度は初年度の年末まで**）。

ただし、いったん選択すると2年間は変更ができなくなります。還付も受けられなくなるので、選択は慎重に検討しましょう。

【関連➡139ページ】

「消費税簡易課税制度選択届出書」の記入例

第9号様式

消費税簡易課税制度選択届出書

収受印

令和　年　月　日	届出者	(フリガナ)	サイタマケンオケガワシカスガ
		納税地	(〒 363－0000) 埼玉県桶川市春日1-22-33 (電話番号 042－111 －1111)
		(フリガナ)	サカモト　ヒサシ
		氏名又は名称及び代表者氏名	坂本　久志
上尾 税務署長殿		法人番号	※個人の方は個人番号の記載は不要です。

下記のとおり、消費税法第37条第1項に規定する簡易課税制度の適用を受けたいので、届出します。

（□ 所得税法等の一部を改正する法律（平成28年法律第15号）附則第51条の2第6項の規定又は消費税法施行令等の一部を改正する政令（平成30年政令第135号）附則第18条の規定により消費税法第37条第1項に規定する簡易課税制度の適用を受けたいので、届出します。）

①	適用開始課税期間	自 令和　年 1 月 1 日　至 令和　年 12 月 31 日
②	①の基準期間	自 令和　年　月　日　至 令和　年　月　日
③	②の課税売上高	円
事業内容等		(事業の内容) コンピュータ部品の販売　(事業区分) 第 1 種事業

提出要件の確認

次のイ、ロ、ハ又はニの場合に該当する（「はい」の場合のみ、イ、ロ、ハ又はニの項目を記載してください。）		はい □	いいえ ☑
イ 消費税法第9条第4項の規定により課税事業者を選択している場合	課税事業者となった日	令和　年　月　日	
	課税事業者となった日から2年を経過する日までの間に開始した各課税期間中に調整対象固定資産の課税仕入れ等を行っていない	はい □	
ロ 消費税法第12条の2第1項に規定する「新設法人」又は同法第12条の3第1項に規定する「特定新規設立法人」に該当する（該当していた）場合	設立年月日	令和　年　月　日	
	基準期間がない事業年度に含まれる各課税期間中に調整対象固定資産の課税仕入れ等を行っていない	はい □	
ハ 消費税法第12条の4第1項に規定する「高額特定資産の仕入れ等」を行っている場合（同条第2項の規定の適用を受ける場合）（仕入れ等を行った資産が高額特定資産に該当する場合はAの欄を、自己建設高額特定資産に該当する場合は、Bの欄をそれぞれ記載してください。）	A 仕入れ等を行った課税期間の初日	令和　年　月　日	
	A この届出による①の「適用開始課税期間」は、高額特定資産の仕入れ等を行った課税期間の初日から、同日以後3年を経過する日の属する課税期間までの各課税期間に該当しない	はい □	
	B 仕入れ等を行った課税期間の初日	平成 令和　年　月　日	
	B 建設等が完了した課税期間の初日	令和　年　月　日	
	B この届出による①の「適用開始課税期間」は、自己建設高額特定資産の建設等に要した仕入れ等に係る支払対価の額の累計額が1千万円以上となった課税期間の初日から、自己建設高額特定資産の建設等が完了した課税期間の初日以後3年を経過する日の属する課税期間までの各課税期間に該当しない	はい □	
※ 消費税法第12条の4第2項の規定による場合は、ハの項目を裏面の記載要領等に留意の上、記載してください。			
ニ 消費税法第12条の4第3項に規定する「金地金等の仕入れ等」を行っている場合	「金地金等の仕入れ等」の合計額（税抜金額）が2百万円以上となった課税期間の初日	令和　年　月　日	
	この届出による①の「適用開始課税期間」は、金地金等の仕入れ等を行い、その仕入れ等の合計額（税抜金額）が2百万円以上となった課税期間の初日から、同日以後3年を経過する日の属する課税期間までの各課税期間に該当しない	はい □	

※ この届出書を提出した課税期間が、上記イ、ロ又はハに記載の各課税期間である場合、この届出書提出後、届出を行った課税期間中に調整対象固定資産の課税仕入れ等又は高額特定資産の仕入れ等を行うと、原則としてこの届出書の提出はなかったものとみなされます。なお、この届出書を提出した課税期間が、上記ニに記載の各課税期間である場合、この届出書提出後、届出を行った課税期間における金地金等の仕入れ等の金額の合計額（税抜金額）が2百万円以上となった場合も同様となります。詳しくは、裏面をご確認ください。

参考事項	
税理士署名	(電話番号　－　－　)

※税務署処理欄	整理番号		部門番号			
	届出年月日	年　月　日	入力処理	年　月　日	台帳整理	年　月　日
	通信日付印 年　月　日	確認	番号確認			

注意　1. 裏面の記載要領等に留意の上、記載してください。
　　　2. 税務署処理欄は、記載しないでください。

※この記載例は執筆時点の様式及び記載例に基づいております。

4

開業までの出費は区分と集計をしておいてください

■開業のための出費は開業後に経費として処理できます

いざ開業を決意して準備にとりかかってみると、開業までにいろいろ出費が発生してしまうものです。出費の一つひとつは細かい金額であるものの、トータルで考えると結構バカにならない額にのぼってしまいます。まだ実際に事業は開始していないのに経費だけは先行してかかってしまいます。

では、この開業のための準備費は事業開始前なので必要経費とは認められないでしょうか。そんなことはありません。この開業までの準備費には特別の取り扱いが設けられているのです。それは、この開業準備費を事業開始後に5年以内の範囲内で必要経費として、収入から控除することができるというものです。

この処理ができる開業準備費とは、事業を開始するまでの間に開業準備のために特別に支出した全額を言います。この準備費として認められるものとしては「開業セミナーの参加費」

「開業場所の調査のための旅費、ガソリン代」「連絡通信費」「業者関係の打ち合わせ費」「関係先への手土産代」「工事期間中の諸経費」「開業に関する情報入手費用」「開業までの借入金利子」「開業広告費」などが挙げられます。

開業準備費として処理ができる期間については、特に制限はありません。当然のことながら、事業開始前から事業開始までの間であり、かつ事業開始に必要な支出のみが対象となっています。常識的には開業の半年ないし1年ぐらい前までのものが中心となると考えておけばよいでしょう。

この開業準備費を「繰延資産」と言います。繰延資産とはそのお金を支出した効果が支出のときだけでなく将来にも及ぶもの、そういった経費は、支出した年度に一括して費用にするのではなく、その効果の及ぶ期間（償却期間）に分けて費用に計上しましょう、というものです。

この開業費は「開業後60ヵ月で均等に必要経費とする方法」または「いつでも好きな時に必要経費とする方法」とを選択することができます。

ですから、この**繰延資産の活用が経営のポイント**の一つになります。

創業年度に一括して経費にしてしまうと、売上より経費が多くなって赤字になってしまう可能性があります。よって、開業後何年か経過して所得が大きくなり、より税率が高くなった時点（最高税率は55％）で経費化するのが最も効率的で節税効果が大きい方法ではないでしょうか。つまり、最高税率の状態では、1万円の領収書があれば、5500円の税金が節約できることになります。

■領収書や支払の記録は必ず残しておきましょう

必要経費として認められるためのポイントとしては、領収書またはノートに支出日、相手先、支出目的を記入し、領収書はスクラップブックに貼り付けて保存することが必要です。

なお、1年以上の長期にわたって事業活動に使用され「資産」となるもの（パソコンや機材、什器備品等）は開業準備費に含めることはできません。

このようなものは固定資産に該当するものであるため、「繰延資産」ではなく「減価償却資産」という取り扱いになります。それぞれ定められた耐用年数により、減価償却分が各年度の経費になります（一定の少額減価償却資産については、購入した年度に一括して必要経費にすることができるという特別措置があります。210ページ参照）。

5 生活費も決める必要があります

■事業資金と生活費の混同は命取りです

あなたが給与所得者のときは、働いて稼いだ収入（給料）は、当然のことながらすべてあなたが自由に使ってよいものであり、それをどう生活費や貯蓄等に振り分けるかも個人のライフプランに応じて自由に考えてよいものでした。しかし、これからは社会的責任を負う事業主として事業を行っていくことになるので、この考え方は改めましょう。

個人事業主として得た収入はあなたの生活費だけではなく、将来の事業計画に従って事業資金に回す必要があります。

事業を効率的に行う上では、商品を仕入れたり従業員の給与を支払ったりするための経費を計画的に確保することが必須です。個人事業を開始したての人にありがちなことですが、事業上の経費と個人の生活費とを混同してしまう例が多く見受けられます。

事業上の経費と個人的な生活費が明確に区別できないと、事業上の儲けを正確に把握できないことが多々あります。儲けが正確に把握できていないような状態では、計画的な生活設計も難しくなってしまうでしょう。

その結果、計算上は儲かっているのにお金が考えていた以上に残っていないということが生じてきます。ただでさえ個人の事業には不安定要素があるのですから、そうしたことを是正するためにもお金にはしっかりと区別をつけなければなりません。方法としては特に難しいことはなく、次のように一定のルールさえ決めてしまえばいいのです。

①生活用、事業用の通帳を別に作成する
②事業用の通帳に収入をすべて入金し、必要経費の支出も通帳から支払う（売上を現金で受け取った場合も全額預け入れる）
③生活用の通帳には月1回生活費として定額を事業用通帳から振り込む
④事業上の自動振替（事業所の水道光熱費等）は事業用通帳、生活用の自動振替（自宅の水道光熱費等）は生活用の通帳からの引き落としにする

こうすると基本的に事業用の現金と事業主の個人的な生活費としての現金を区分することができ、生活費の安定的な確保を図ることができるようになります。

■適正な生活費の算定方法

ここで生活費としていくら事業収入から回していいかが問題です。

上限は収入金額から必要経費を差し引いた額（所得）の2分の1（所得の50％を税金等とみる）、下限は自分の生活に実際に消費される額となります。

この上限以上の生活費がかかるようだと、資金はいずれ底をつくことになります。また借入金の返済があればさらにこの残った額から返済資金を出すことになりますので、さらに上限は下がります。もっと厳しいことを言えば、事業が拡大するとさらに運転資金が必要ですから、運転資金の蓄積もしなければなりません。

事業はお金との戦いです。覚悟して対処しましょう。

第3章

さあ事業開始です 手間をかけずに 帳簿づけをしましょう

商売ですからお金にルーズではいけません。ですから帳簿をつけることが大事なのです。青色申告のためにも必要です。基礎的な知識と、煩雑にならない帳簿のつけ方を学びましょう。

1 事業のための取引書類を用意します

■請求書、領収書、見積書の書式を作りましょう

商売を始めると、いろいろな人や会社と、さまざまな取引をすることになります。商品の仕入をしたり、売上げたり、経費の支払をしたり……。こういった外部の人や会社に対して、どのような取引をしたかという証拠を残す必要があります。これが取引書類と言われるものです。取引書類には以下のようなものがあります。なお、令和5年10月よりインボイス制度が始まっています。こちらから発行する請求書等について税法の要件を満たすように作成することが要求される可能性があるので、作成の際は十分注意してください。次項からの記載例は「請求書」をインボイスとして発行するという前提で作成されています。詳細は119ページをご参照ください。

①請求書

請求書とは、掛けによる商品の売上代金を請求するために得意先に送る書類です。掛けとは後日、代金の決済をすることで商品を売買することです。つまり請求金額は売上高そのものです。

次ページの請求書を見てください。得意先である(株)ウエイブに対する8月の納品分をまとめて月末に請求している例です。

「請求書」の記載例

請　求　書

①

株式会社　ウエイブ　御中　　NO.151

令和　年8月31日
リ ザ ル ト
登録番号T1234567890123
坂 本　久 志 ㊞
〒160-0023
新宿区西新宿2-33-44
あかねビル4階

下記のとおり
ご請求申し上げます。

②

日付	商品名	単価	数量	金額
8月5日	IC基盤　#01234	1,500	100	150,000
8月15日	IC基盤　#01236	4,800	140	672,000
8月20日	IC基盤　#01237	6,200	8	49,600
	小計			871,600
	上記に対する消費税(10%)			87,160
	請求金額			958,760

①の欄に得意先名を記入します。

②の欄には、納品した日付、商品名、単価と数量、金額を記入します。

②領収書

領収書とは、得意先から請求書に基づいて売上代金を受け取った場合に、確かに受け取りました、という意味で発行する書類です。次ページの領収書は、8月分の請求書により(株)ウエイブから入金があった場合の例です。③の欄に得意先名、④の欄に受領した金額、⑤の欄には、何による入金なのかを記載します。

③見積書

見積書とは、得意先から今までとは違う商品を売ってくれと言われたときや、これから新たに取引を開始しようとする相手が

「領収書」「見積書」の記載例

印紙 印

領　　収　　書

③
株式会社　ウエイブ　御中

NO.172

令和　年9月15日

④
¥958,760.−

⑤
但し、　8月分　納品代金として

上記正に領収いたしました。

リ　ザ　ル　ト
坂　本　　久　志　印
〒160-0023
新宿区西新宿2-33-44
あかねビル4階

見　　積　　書

株式会社　IBN　御中

NO.025

令和　年9月7日

リ　ザ　ル　ト
坂　本　　久　志　印
〒160-0023
新宿区西新宿2-33-44
あかねビル4階

商品名	単価	数量	金額
IC基盤　#01234	1,500	150	225,000
IC基盤　#01235	3,200	10	32,000
IC基盤　#01237	6,200	5	31,000
小計			288,000
上記に対する消費税			28,800
見積金額			316,800

いるときに、その得意先や相手先に発行することが一般的です。

この商品はこの金額で取引させていただきます、ということを相手に示すのが目的です。

■受け取った請求書、領収書は必ず綴ります

「受取請求書綴り」とは、仕入先から送られてくる請求書をその仕入先ごと、かつ、月ごとに綴ったものです。「受取領収書綴り」とは、受け取った領収書を、仕入先ごと、かつ月ごとに綴ったものです。仕入代金（買掛金）の支払による領収書と、仕入以外の経費の支払による領収書は、分けて綴った方がよいでしょう。

仕入以外の経費の領収書は大きさや形がばらばらなので、ノートなどに貼りつけて保管します。また、領収書がないような支払、例えば電車代などは、出金伝票を切っておき、これも次ページのように領収書綴りに貼っておくようにしてください。

■取引書類の保存期間は7年です

これらの書類の保存期間ですが、7年間は保存しておいてください。所得税法で、青色申告関係の書類については7年間の保存を定めているからです（253ページ参照）。

領収書綴りの例

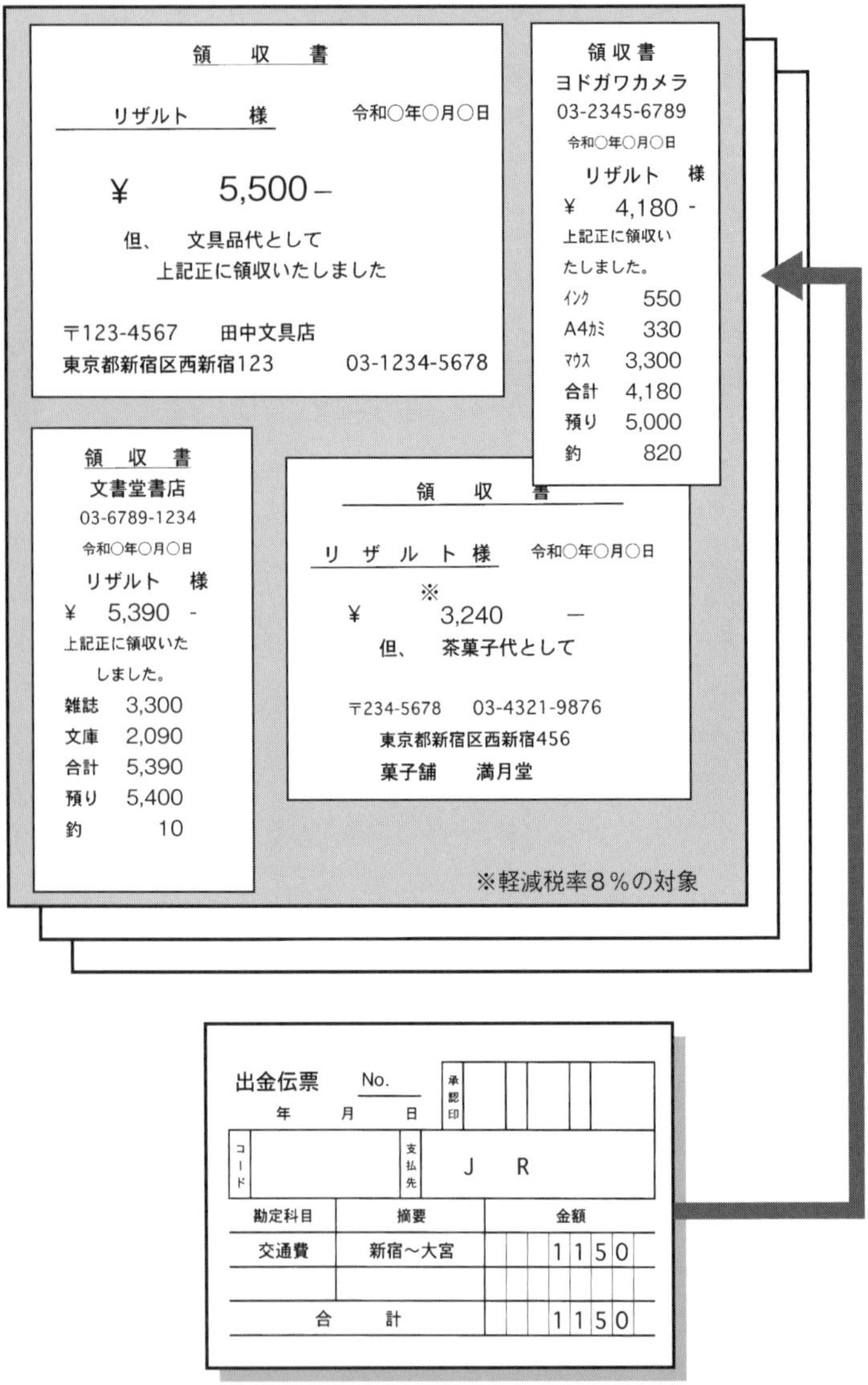
領　収　書
リザルト　様　令和○年○月○日
¥　5,500－
但、　文具品代として
上記正に領収いたしました
〒123-4567　田中文具店
東京都新宿区西新宿123　03-1234-5678
領収書
ヨドガワカメラ
03-2345-6789
令和○年○月○日
リザルト　様
¥　4,180 -
上記正に領収いたしました。
ｲﾝｸ　550
A4ｶﾐ　330
ﾏｳｽ　3,300
合計　4,180
預り　5,000
釣　820
領　収　書
文書堂書店
03-6789-1234
令和○年○月○日
リザルト　様
¥　5,390 -
上記正に領収いたしました。
雑誌　3,300
文庫　2,090
合計　5,390
預り　5,400
釣　10
領　収　書
リ　ザ　ル　ト 様　令和○年○月○日
※
¥　3,240　—
但、　茶菓子代として
〒234-5678　03-4321-9876
東京都新宿区西新宿456
菓子舗　満月堂
※軽減税率８％の対象
出金伝票　No.
年　月　日
承認印
コード
支払先　J　R
勘定科目　摘要　金額
交通費　新宿～大宮　1150
合　計　1150

※説明の便宜上、インボイス記載要件については考慮していません

■電子データで書類を保存するときは要注意です

ここまで読んだ方の中には「今の時代に紙で書類を保存するなんて時代遅れ。ぜんぶデータ化すればいいじゃないか」と感じた方もいると思います。ただし、日本には電帳法（正式名称は「電子計算機を使用して作成する国税関係帳簿書類の保存方法等の特例に関する法律」）という法律があり、**データ上で書類を保存することについて厳格なルールを定めています。**たとえパソコン上に確かにデータがありいつでも閲覧可能だったとしてもこのルールに則ったものでなければ保存してあるとは見なされないのです。電帳法の内容は膨大かつ難解なので本書で詳しくは取り上げません。もしデータ上で書類を保存したいときは必ず税理士等の専門家に相談してください。

■ネーム印、スタンプを作成しておくと効率的に作業ができます

ここまでの領収書や請求書の見本を見ていただくとわかるとおり、こういった書類にはすべて屋号や、事業所所在地、電話番号などを記載しなければなりません。毎日、同じことを何回も書くのはとても面倒なものです。そこで、ネーム印やスタンプを作成することをお勧めします。自分が頻繁に使う書類に合うように作成しておけば、記入の手間をだいぶ省くことができるでしょう。またＦＡＸや郵便などで、取引先に書類を送るような場合には、送信表や送付状を表紙として送るのが通例です。このＦＡＸ送信表や書類送付状も、パソコンなどを使って自分専用のフォームを作成しておくと便利です。

2 事業で必要な七つの帳簿

■商売ですから帳簿づけは正確さを心がけましょう

商売を続けていく上で、「いくら儲かっているのか」「お金はどのくらい残っているのか」ということは、常に把握しておく必要があります。

例えば、銀行からお金を借りようとするときに、「〝だいたいこのくらい〟儲かってます」ではお金は貸してもらえません。税金の申告をするときに儲けの金額がわからなければ、税金の計算もできません。お金がないので儲かっていないと思い込んでいて、いざ計算してみたら税金が数十万。払えないでは済まされません。

そんなことにならないために、帳簿を備えつける必要があります。主要な帳簿としては、

①現金出納帳
②預金出納帳
③売掛帳

④買掛帳
⑤経費帳
⑥固定資産台帳
⑦給料台帳

があり、その他にも、売上帳、仕入帳、総勘定元帳などが必要になります。

それぞれの詳しい説明については、次項から行うことにして、ここではどのような帳簿なのかを簡単に把握しておきましょう。

①現金出納帳

現金出納帳とは、実際の現金の出し入れを記入する帳簿です。「いつ」「だれに（だれから）」「いくら」「何のために」支払ったのか、あるいは入金したのかを記入します。

②預金出納帳

預金出納帳とは、商売用の普通預金の流れを記入する帳簿です。現金と同様、「いつ」「だれに（だれから）」「いくら」「何のために」支払ったのか、あるいは入金したのかを記入します。これは預金通帳で代替ができます。このとき自分の生活用の預金口座とは別に、商売の事業用の預金口座を開設する必要があります。

③売掛帳

商品を掛けで販売した場合や、その代金の入金があった場合に記入します。掛けでの売上額や売掛金の残高を管理する帳簿です。

④買掛帳

商品を掛けで仕入れた場合や、その代金を支払った場合に記入します。掛けでの仕入額や買掛金の残高を管理する帳簿です。

⑤経費帳

仕入以外の水道光熱費や旅費交通費などの経費を勘定科目別に集計する帳簿です。

⑥固定資産台帳

機械や車など資産ごとに減価償却費の計算をする帳簿です。

⑦給料台帳

従業員の給料の計算をし、記録を残すための帳簿です。

3 実は預金通帳と現金出納帳があれば帳簿はほぼ完成です

■売上、経費、仕入のすべてが預金通帳と現金出納帳で把握できます

個人の事業活動のほとんどは、お金の動きとして把握することができます。

- 商品を売上げた
- 商品を仕入れた
- 給料を支払った
- 経費を支払った
- 固定資産を購入した

こういった取引はすべてお金の流れで表すことができます。つまり、お金の流れをしっかり把握しておけば、帳簿の作成はとても簡単になるのです。

商品が売れれば、得意先から売上代金を受領します。

現金回収、小切手での受取、受取手形での受取等、売上代金の受領は取引相手との取引条件

により異なります。

しかし最近は回収経費の節約や事故防止などの関係でほとんどが銀行振込になっている場合が多いようです。

売上は商品を渡した時点では売掛金で、回収の期日に銀行口座に振り込まれます。掛けで商品を仕入れれば、仕入先に買掛代金を振込で預金通帳から支払います。経費も支払期日を定めてまとめて銀行振込で預金から支払う形になります。固定資産の購入も同様です。

事業所には、最低限の現金しか置かないようになります。この最低限の現金取引を記載する帳簿が**現金出納帳**、その他の取引はすべて**預金通帳**に記載されます。

こうしてみると、現金出納帳と預金通帳がいかに重要であるかがわかると思います。この二つさえあれば取引の90％以上が記録として残ります。

なお、現金出納帳は手書きで作成することも可能ですが、エクセルで作成することをお勧めします。また、無料のアプリもインターネット上に多数公開されているので、そちらを活用してもいいでしょう。

残りは減価償却費の計上やたな卸資産の振替等わずかなものです。

売上帳や仕入帳、経費帳もこの二つさえあれば簡単に記帳できるのです。

4 現金出納帳の役割と記入方法をつかみましょう

■現金の流れをまとめるのが現金出納帳です

現金出納帳の役割は、お金の流れをまとめることです。「いつ」「だれに（だれから）」「いくら」「何のために」支払ったのか、あるいは入金されたのかを記入します。

ここで、最も大切なことは、商売用のお金と個人用のお金を分けることです。個人用のお金と区別することで、商売用のお金の残高をキチンと把握することが可能になります。残高が把握できれば、現金出納帳との照合ができて、経費の記入漏れや、出納帳の記載ミスも発見しやすくなります。

■毎日の経費を支払うために金庫を準備します

商売用のお金を区分するには、金庫を利用するのが一番です。それほど厳重で高価なものでなくてもかまいません。安い手提げ型のもので十分です。日々の経費の支払は、この金庫から行うようにしましょう。外出先で発生した経費は、いったん自分の財布から支払っても、帰ってきたら必ずその経費分を金庫のお金で精算するようにします。こうすれば、個人的な支払が入り込んでしまうことはありません。その際に、領収書を金庫の中に入れておけば、後の整理が簡単になります。

■現金出納帳に記入してみましょう

そして、この金庫のお金の流れを記入するのが、現金出納帳です。

金庫から経費の支払として500円を使ったら、現金出納帳にも500円の支払を記入します。500円を支払った後の金庫の中に現金が6000円残っていたら、現金出納帳の残高欄も6000円でなければなりません。これが一致していなければ、計算ミスや経費の記帳漏れなどの原因が考えられます。

記載例を見てください。年月日の欄には支払った日付を、摘要欄には勘定科目と取引内容を記入します。勘定科目については90ページで確認できます。

また、摘要欄に記入する内容ですが、必ず支払った相手先を記載してください。111～118ページで説明しますが、仕入額にかかった消費税を、売上額にかかった消費税から差し引くには、この記載が必要不可欠です。

「現金出納帳」の記載例

No.

月	日	摘要		収入金額	支払金額	差引残高
4	1	前月繰越				2,300
	1	普通預金	りそま銀行から引出	50,000		52,300
	2	消耗品費	anpm ごみ袋		220	52,080
	3	通信費	春日郵便局　切手		1,700	50,380
	5	接待交際費	レストラン星　飲食代		9,900	40,480
	5	旅費交通費	JR電車代（株）ウエイブへ		430	40,050
	8	消耗品費	山田文具　ボールペン等		550	39,500
	10	燃料費	シャル石油　ガソリン代		6,600	32,900
	10	預り金	源泉所得税支払い		19,360	13,540
	13	新聞図書費	文学堂　参考書籍代		3,630	9,910
	15	雑費	鈴木薬局　洗剤等		1,100	8,810
	16	普通預金	りそま銀行から引出	50,000		58,810
	17	旅費交通費	JR電車代（株）MECへ		800	58,010
	17	接待交際費	亀田菓子店（株）MECへ手土産		※3,240	54,770
			～中略～			
	30	消耗品費	ヨドガワカメラ　電卓		2,200	7,840
			※軽減税率８％の対象			
				150,000	142,160	
	30	次月繰越			7,840	
				150,000	150,000	

「金種表」の記載例

金種	数量	金額
10,000	0	0
5,000	1	5,000
2,000	0	0
1,000	1	1,000
500	3	1,500
100	3	300
50	0	0
10	3	30
5	2	10
1	0	0
合計		7,840

入金の場合には「収入金額欄」に、支払の場合には「支払金額欄」に金額を記入します。「残高欄」には入金または支払の後の残高を記入します。

次のような手順をふむと、現金出納帳を正しくつけることが可能です。

①**現金は金庫から支出する**（自分の財布から立て替えたら、あとで必ず金庫から同額を出しておく）
②**領収証は、整理するまでは金庫の中に入れておく**
③**金庫から支払ったら、現金出納帳に記入する**
④**日々、金庫の現金残高と現金出納帳の残高を一致させる。一致したら残**

高欄の右端に押印しておく

⑤ 一定の期間ごとに領収書等の証憑《しょうひょう》類を整理する

■金種表を作っておくと入出金のチェックができます

金庫の中の実際の現金残高を確認するためには、右ページのような金種表を作って確認します。現金取引の多いところは毎日、少ないところでも1週間に1度ぐらいは確認しましょう。現金過不足があまり多いようでは入出金のやり方に問題があります。

また金種表を作ることで盗難の抑止にもなります。

5 普通預金の通帳は記帳のいらない簡単帳簿です

■まずは事業専用の口座を開設してください

これは、個人的な支払と商売上の支払の区別をはっきりとさせるためです。なぜ区別する必要があるのかと言えば、個人的な支払の部分は事業所得の必要経費にならないからです（これを家事費と言います）。

例えば自宅の家賃や、食費、病院代などは、事業に関係のないものです。こういった家事費については、個人的な預金口座から支払うようにします。必要経費については、のちほど詳しく説明します。【関連➡81ページ】

■事業上の経費は原則、事業専用の預金口座から支払うようにしましょう

普通預金の通帳には、お金の流れが自動的に記帳されるという利点があります。これを最大限に利用しましょう。以下のことを行えば、事業用のお金の流れを、通帳を記帳するだけで明

事業専用口座の活用

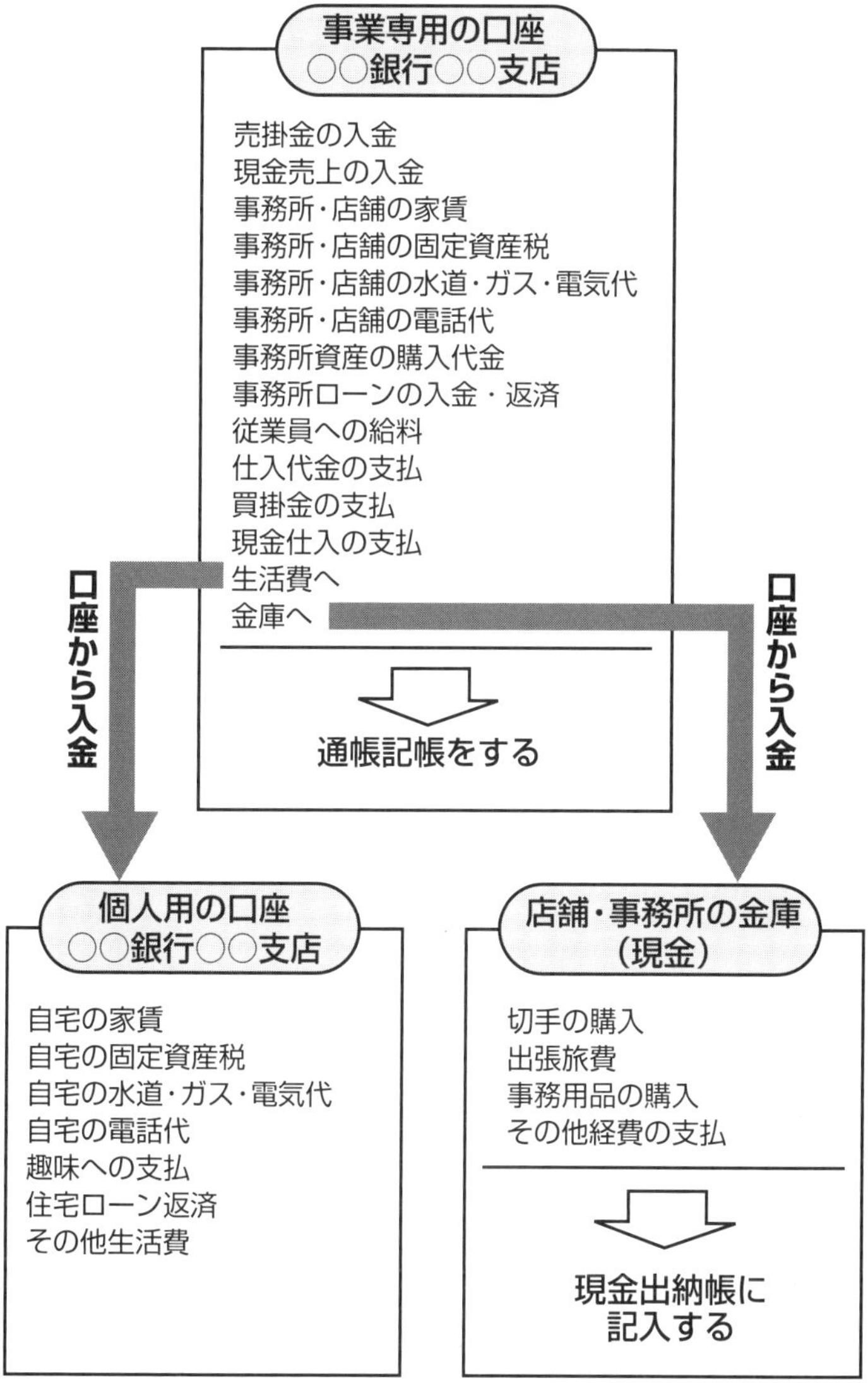
事業専用の口座
○○銀行○○支店
売掛金の入金
現金売上の入金
事務所・店舗の家賃
事務所・店舗の固定資産税
事務所・店舗の水道・ガス・電気代
事務所・店舗の電話代
事務所資産の購入代金
事務所ローンの入金・返済
従業員への給料
仕入代金の支払
買掛金の支払
現金仕入の支払
生活費へ
金庫へ
通帳記帳をする
口座から入金
口座から入金
個人用の口座
○○銀行○○支店
自宅の家賃
自宅の固定資産税
自宅の水道・ガス・電気代
自宅の電話代
趣味への支払
住宅ローン返済
その他生活費
店舗・事務所の金庫
(現金)
切手の購入
出張旅費
事務用品の購入
その他経費の支払
現金出納帳に
記入する

確にすることができます。

●掛売上の入金については、すべて事業専用の預金口座に振込にしてもらう

●現金売上についても日々の現金売上の全額を口座に入金して、通帳の摘要欄に「○月○日分現金売上」とペンで記入しておく

●事務所や店舗の水道料金、電気代、リース料、固定資産税、損害保険料なども事業専用の口座からの自動引落または自動支払にする

●仕入代金の支払や従業員の給料・家賃などは総合振込を利用し、振込内容が預金通帳に残るようにする（インターネット取引で振込をすることもできる）

●銀行振込ができない電車代など小口の経費の支払については、預金から引き出したお金を金庫に入金して、そこから支払うようにする。通帳の摘要欄には「小口現金」と記入しておく

●生活費は、個人の預金口座に振り替えて、そこから払うようにする。例えば月1回など、定期的に振り替えて、事業用の銀行口座の通帳には摘要欄に「生活費」と記入しておく

現金出納帳はどうしても自分で記入するという作業が必要です。交通費や少額経費の支払いもクレジットカード・ICカードなど電子決済にして明細を保存する方法をとれば現金出納帳すらも省くことができます（180ページ参照）。

6 経費と家事費はしっかり区分してください

■事業上の経費となるかどうかは「関連性」と「妥当性」で判断します

78ページでは、通帳を個人用と事業専用とに分ける理由が、個人的な支払の部分は事業所得の必要経費にならないからだと述べました。では、事業上の必要経費になるか、ならないかは、どのように判断したらよいのでしょうか。

その支払が、必要経費となるかならないかの判断基準は**「事業関連性」**と**「妥当性」**です。この二つの基準を満たしているものが必要経費と認めてもらえます。

「事業関連性」とは、その支払が、その売上を得るために必要なものであることを言います。例えば、レストランで飲食代を支払ったとします。相手が得意先で、食事に招待したという場合には、売上に貢献しているものとして必要経費となります。

しかし、一緒に食事をした相手が友人や家族であれば、売上には関係ないので必要経費にはなりません。

「妥当性」とは、金額などが事業の内容などから判断して妥当なのかどうかということです。従業員2、3人の事業者が、高額な絵画を購入して事務所に飾り、従業員の目の保養のためだというのは空しい言い訳にしかなりません。

「事業関連性」と「妥当性」などと言ってしまうと難しく感じるかもしれませんが、要は、事業している自分自身が、「この支払は自分の事業にかかわるものであるかどうか」を判別することが基準になるのです。

■必要経費として認めてもらえる証拠の残し方

経費であることを認めてもらうには、証拠をきちんと保存しておくことです。領収書を保存するのはもちろんですが、飲食代の場合には、得意先名や担当者、人数なども明らかにしておかなければなりません。これらのことを現金出納帳の摘要欄に記入しておいてください。

お中元やお歳暮などは、送り先の明細を保管しておくほうがよいでしょう。また、香典や祝い金の場合には領収証はありませんが、お葬式や結婚式の案内状を保管しておき、そこに払った金額を記入しておきましょう。

個人的な支払なのか、事業としての支払なのか判断に迷うような場合も多いと思います。

例えば、携帯電話の通話料です。個人用と事業用と二つ持っていれば問題なく区分できるのですが、一つの携帯電話では、個人的な通話料と事業としての通話料が混ざってしまっています。こういった場合には、携帯電話の利用明細書からプライベート分と事業分に分けるべきです。しかし、これではとても面倒です。自分で適切な事業としての使用割合を決めて按分する方法でもかまいません。

税務署につまらない疑いをかけられないために、次のような点に注意しておくことがポイントです。

①飲食代は、場所、相手先、担当者、人数などがはっきりわかるようにしておく。できれば「打合せ議事録」等を作成しておくとよい。
②ゴルフ等に招待されて支払ったプレー代については、招待状なども保管しておく。
③中元・歳暮は送り先の明細表も保管しておく。
④祝い金・香典等は、招待状の葉書等に支払った金額を記入して保管する。
⑤①～④については、現金出納帳にも相手先等を記入しておく。
⑥携帯電話の通話料で私的なものと事業上のものが混ざっている場合には、利用明細書などで事業上の通話料を区分してから必要経費にする。毎月の明細から適切な按分割合を出して、その割合を使って按分してもかまわない。

⑦店舗や事務所と住宅が一体になっている場合には、固定資産税や家賃などは、床面積などの使用割合で按分する。

■必要経費にならない「家事費」があります

事業に関係のない支払は「家事費」と言われます。家事費はいくら支払っても必要経費にすることはできません。代表的なものは以下のものです。

①**生活費等**…食費、病院代、自宅の家賃、自宅の電話代・ガス代・水道料、家族旅行代、などです。
②**税金等**…所得税、住民税、相続税、贈与税、その他事業に関係のない税金です。
③**保険料等**…国民健康保険料、国民年金保険料、生命保険料などです。
④**罰金**…事業にかかわるものであっても、違反をしたことによるペナルティなので、経費にはなりません。交通反則金、罰金、加算税や延滞税などがあります。

7 自宅兼事業所は経費化の判断が難しいので要注意です

前項では、必要経費となるか、ならないかは「事業関連性」と「妥当性」の基準で判断し、二つの基準を満たしているものが必要経費であると説明しました。

次のようなケースは、必要経費かどうか、判断に迷うところだと思いますので、詳しく説明しましょう。

自宅兼事業所では床面積などの基準を使って一部経費化します

独立開業される方の中には、自宅の一部を事務所として使われる方も多いことと思います。このような場合、自宅の家賃や電気代などは、必要経費としてもよいのでしょうか。

必要経費と認めてもらうためには、事務所としてあるいは作業場として使用されていることを明確にしておかなければなりません。作業机や応接セットが置かれていたり、看板や表札で屋号を掲げてあったりなど、事業所として使用している状況がなければなりません。

では、自宅の一部が事業として使用されていると認められる場合、必要経費に入れることができる金額はどのようにして考えればいいのでしょうか。

やはり全額というわけにはいきません。床面積など合理的な基準で按分した金額が必要経費に算入される金額になります。

例えば自宅の家賃が15万円で、床面積が70㎡、そのうち事務所として利用している床面積が21㎡(30%)だとすると、必要経費は15万円×30%＝4万5000円となります。

電気代はどのように考えたらいいのでしょうか。電気代の場合は家賃のように床面積というわけにはいきません。事業の内容や、使う家電製品により消費電力が異なっているからです。事業の内容に応じて、電気の利用時間等適切な基準を見つける必要があります。

水道代についても同様です。クリーニング店や飲食店など業種によっては水道をたくさん使用する場合もありますが、パソコン等で事務作業をするだけであれば、ほとんど使用しないということになります。事業の内容に応じた基準を見つけなければなりません。

■同居する親族への家賃は必要経費にはなりません

同居している親族とは、通常の場合「生計を一にしている」ことになります。「生計を一にしている」とは同じ財布で生活している、生活費のやりとりがある間柄という意味です。

親族に対する必要経費の判定

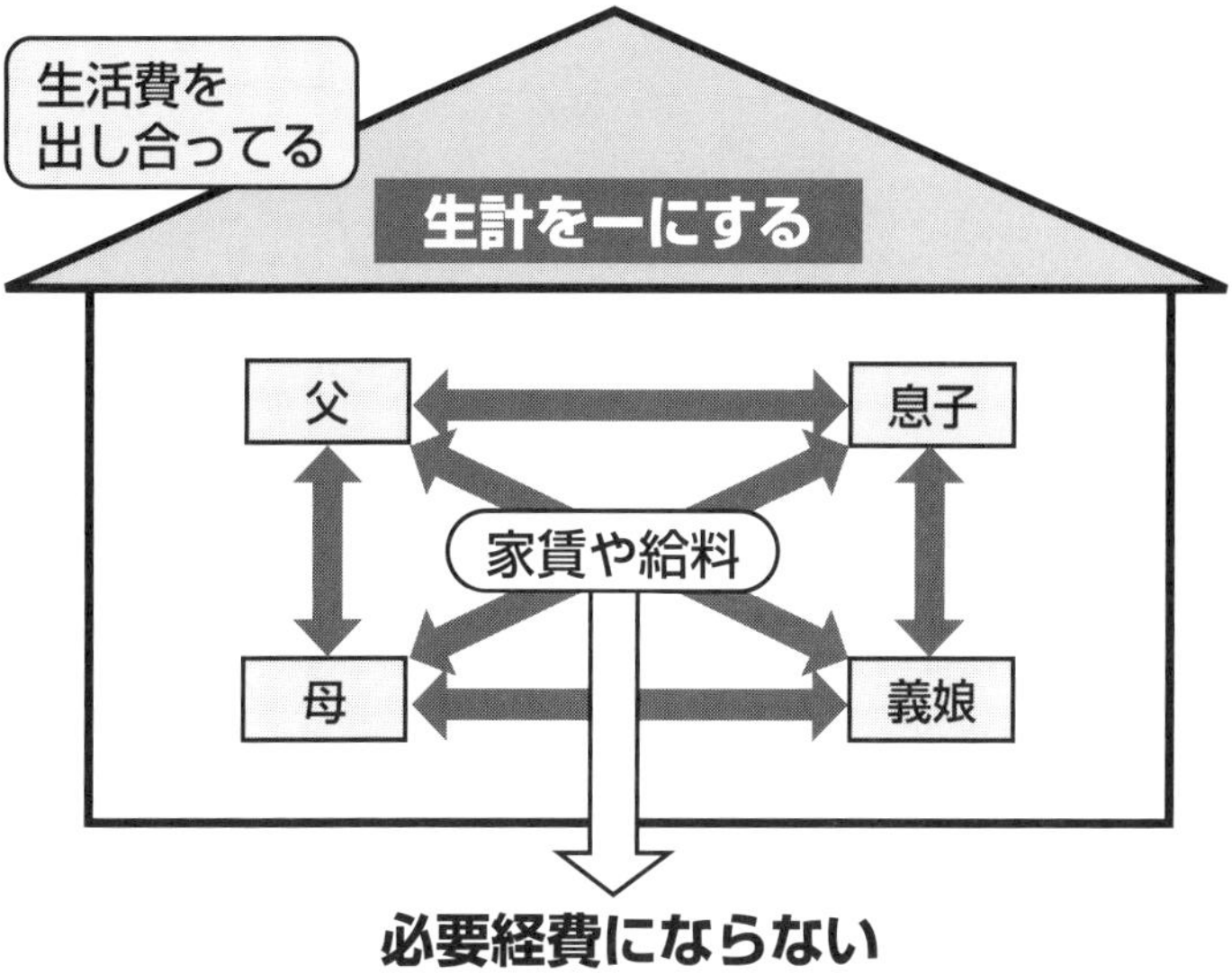

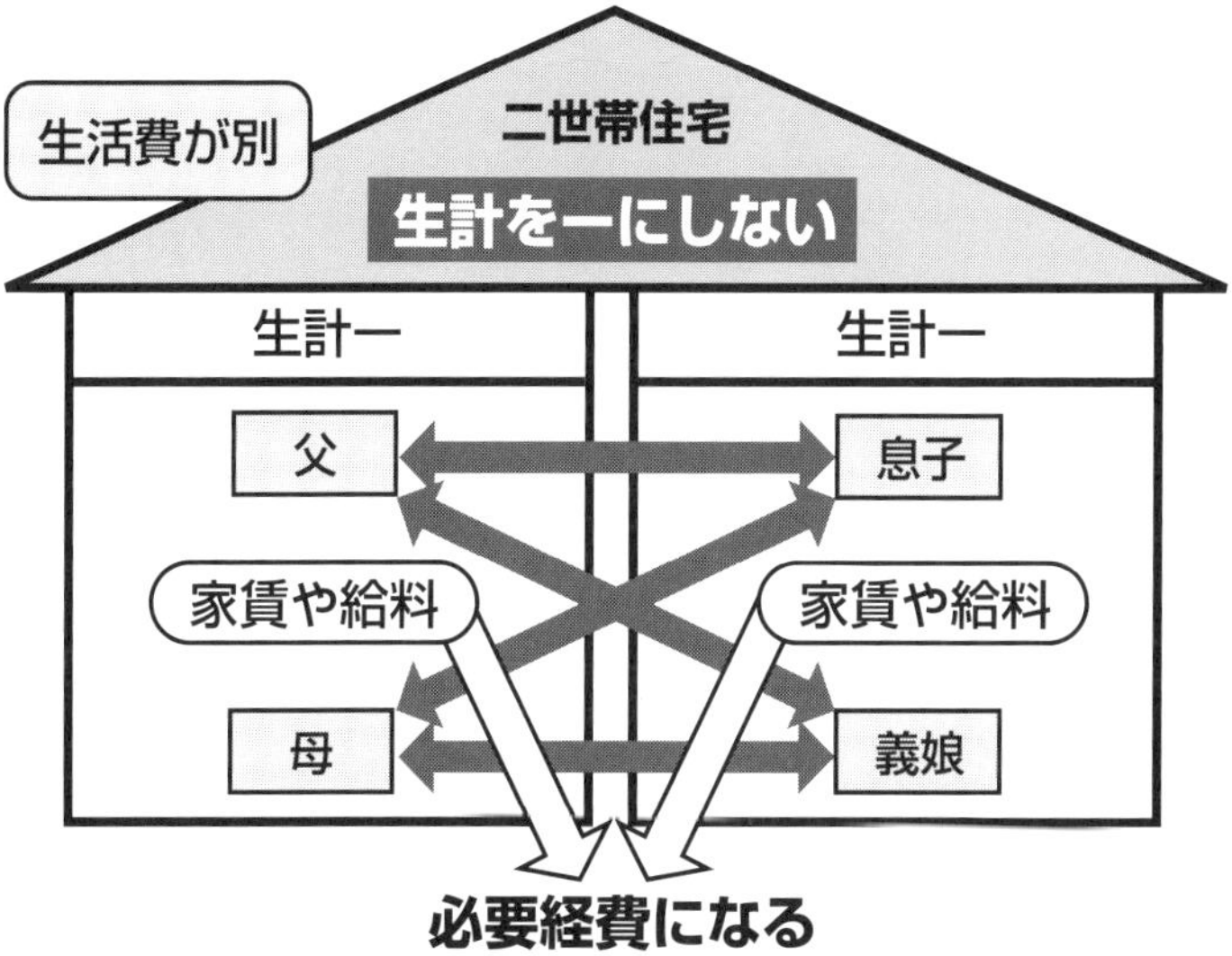

例えば、事業所兼自宅の名義が同居している父親の名義だったとします。父親に事業所部分の賃料を払った場合、これが必要経費になるでしょうか。

こうした親族に家賃や給料を支払っても、必要経費と認めてはもらえません。同じ財布の中でお金が動いただけだからです。

同居している父親名義の事業所兼自宅に対する固定資産税を負担した場合には、この固定資産税は必要経費になるでしょうか。

これについては、床面積等で事業所である部分について、必要経費とすることができます。少しわかりにくいかもしれませんが、固定資産税は市町村に支払うものであって同じ財布の中でのお金のやりとりではないからです。

給料の場合は、一定の要件を満たせば、「事業専従者」として税務署に認めてもらうことで、必要経費に入れることができます。これについては別の章で説明します。【関連➡136ページ】

8 勘定科目で収入と必要経費を区分し、集計しましょう

勘定科目は確定申告の決算書作りに必要なものです

事業者が確定申告をする際には、申告書の他に決算書というものが必要になります。第6章で詳しく説明しますが、これには1年間の収入と必要経費をその性質別に分けて記入するようになっています。その性質別に分類されたものには勘定科目という名前がつけられています。つまり、収入と必要経費を、その性質に応じて各勘定科目に分けて集計をする必要があるのです。そして、この各勘定科目ごとに集計した帳簿を総勘定元帳と言います。

例えば、電話代を支払った場合、勘定科目は何にしたらよいでしょうか。これは、通信費です。乾電池や電球を買った場合は消耗品費。水道代や電気代を支払った場合は水道光熱費です。慣れてくれば簡単なのですが、最初は迷うことも多いと思います。個人の確定申告時に記載する決算書に最初から印字されている勘定科目と、その内容についての説明を90ページの表にまとめましたので、こちらを参考にしてください。

決算書に印字されている勘定科目

科目	内容	具体例
売上	商品や製品の売上、サービスの提供をした場合	
家事消費	商品などを家事のために使用した場合	
給料賃金	従業員等に対して支払う給料	給料・賃金・賞与・パート代
外注工賃	外部に注文して支払った加工賃等	加工賃・制作費等
減価償却費	建物、機械、器具備品などの償却費	
貸倒金	相手先が倒産した場合等	売掛金、貸付金、受取手形などの回収不能額
地代家賃	事務所、店舗、工場などを借りている場合	家賃、地代、駐車場代等
利子割引料	事業用の借入をした場合、期日前の手形を割り引いた場合	支払利息、手形割引料
租税公課	必要経費になる税金を払った場合	事業税、固定資産税、印紙代、自動車税　等
荷造運賃	販売商品の包装や発送にかかった費用	包装費用、宅急便代等
水道光熱費	事務所や店舗の水道光熱費	水道料、ガス代、電気代等
旅費交通費	出張や商談、取引などのために外出した際にかかった交通費	電車代、タクシー代、通行料、駐車料、出張旅費・宿泊費
通信費	通信のためにかかった費用	電話代、切手代、葉書代、封筒代、郵送料　等
広告宣伝費	店や商品を宣伝するための費用	広告料、パンフレット作成料、名入りカレンダー作成料　等
接待交際費	商売上の接待や交際にかかった費用	飲食代、手土産代、ゴルフ代、中元·歳暮代、見舞金·祝い金　等
損害保険料	店舗・事務所等の火災保険料、自動車保険料	火災保険料、自動車保険料
修繕費	事業用の固定資産の修繕や手入れにかかった費用	修理代、壁の塗り替え費用、車の部品交換代　等
消耗品費	何回か使用するとなくなってしまうものや価格が10万円未満のもの、使用できる期間が1年未満のものの購入費	乾電池、電球、机、椅子、ボールペンなどの事務用品
福利厚生費	従業員がより働きやすくなるための費用	医薬品購入費、社員旅行代、慶弔金、健康診断料、制服代等
雑費	金額が小さくて、頻繁に支払うものではないもの	

決算書にはないが作ったほうがわかりやすい勘定科目

勘定科目	内容	具体例
リース料	リースしている資産のリース料の支払	リース料、レンタル代
法定福利費	従業員の社会保険料の支払	健康保険料、厚生年金保険料、労働保険料
事務用品費	消耗品のうち、ペンや帳面などの事務用品の購入	帳簿、伝票、筆記具、スタンプ、クリップ、定規、ホッチキス等
支払手数料	弁護士や司法書士、税理士への報酬や銀行の振込手数料	報酬、振込手数料

■勘定科目の数は必要最小限にとどめましょう

勘定科目は、絶対に右図のものを使用しなくてはいけないというものではありません。自分で、わかりやすい勘定科目を作ってもかまいません。決算書には、印字されている勘定科目の欄の下に自分で勘定科目を記入できる欄がありますので、自分で作った勘定科目を追加することができます。

しかし毎年違う勘定科目を使ったり、新しい勘定科目ばかりになってしまうと、前の年との比較ができなくなってしまいます。そのためには、勘定科目に区分する基準は毎年継続的にしなければなりません。むやみに勘定科目を作ることも控えましょう。

9 経費にならないお金の勘定科目を把握しましょう

■事業とは無関係の入金や支払の扱いは?

個人で事業をしている場合には、事業としてのお金と、プライベートのお金を分ける必要があることとは、先ほどから説明している通りです。お金の動きがあって、それが事業に関係するものであれば、売上になり、必要経費になります。

では、事業に関係のないお金の入金や支払は、帳簿上どのように扱えばいいのでしょうか。これについては、「事業主貸」「事業主借」「元入金」「家事消費」という勘定科目を使って、売上や必要経費とは区分します。【関連➡226ページ】

■経費にならない支払は「事業主貸」として区別します

必要経費にならない支払をした場合に使用する勘定科目です。

商売用の普通預金や現金から、生活費として使ったり、プライベートの口座に移したりした場合にこの科目を使います。他にも、必要経費にならない支払があった場合、例えば、国民年金保険料の支払や子供の教育費の支払などがあったときに使用します。

■事業とは関係ない入金は「事業主借」として区別します

これは、「事業主貸」と逆になります。事業とは関係がない入金があった場合に使用します。例えば、商売用の口座に残高が不足したので、プライベートの口座からお金を移したり、年金を受け取ったり、株式の配当や預金の利息を受け取ったりしたようなときです。

■資本金は「元入金」として区別します

開業資金のことを指します。会社で言うところの資本金に相当します。ただ、会社の場合と違うのは、毎年金額が変わるということです。翌年の元入金は次のように計算します。

今年の元入金＋今年の青色申告控除前の事業所得＋事業主借－事業主貸

ただ、この勘定科目は、お金の動きとは直接は関係しません。別の章で説明する試算表や貸借対照表を作成する際に出てくるだけですので、普段は気にする必要はありません。【関連⬇

【226ページ】

■プライベートで商品を消費すると、「家事消費」として売上の扱いになります

「家事消費」とは、商品などを、得意先に販売するのではなく、自分や家族のために使った場合や、誰か他の人にあげたりした場合に使用する科目です。

これについては、食料品の販売業で説明するとわかりやすいと思います。

例えば、あなたが八百屋さんを営んでいたとします。売れ残った野菜を夕食の材料にしていたら、これが「家事消費」という売上に該当することになるのです。

売れ残ったトマト3個を家族で食べたときは、トマト1個の販売価格100円×3＝300円が家事消費の金額になります。また、親戚に商品として仕入れたスイカをあげてしまったときも、スイカの販売価格1000円が家事消費として売上になってしまいます。

通常は販売価格で把握しますが、販売金額の70％と仕入価格のどちらか多い方の金額が認められます。

商品の扱いには、くれぐれも注意をしてください。

事業主借・事業主貸の考え方

商売用の口座・現金	
入金	**出金**
売上による入金 商品の売上	経費の支払 必要経費になるもの
その他の入金 ●残高不足のため、プライベート口座からの入金 ●その他個人的な入金 ●株式の配当金、年金の受取、預金利息の受取、など	**その他の支払** ●生活費の引出 ●その他個人的な支払 ●国民年金保険料の支払、生命保険の支払、など

売上による入金 → 売上 → 各勘定科目に区分

経費の支払 → 必要経費 → 各勘定科目に区分

その他の入金 → 事業主借

その他の支払 → 事業主貸

- 事業主貸とは、（a）事業から生じた現金を生活費として家計にまわした金額、（b）事業上必要経費として処理していた金額のうち決算の調整で家事関連費に振り替えた金額、（c）所得税や住民税など必要経費にならない租税公課を支払った金額、（d）家事消費をした金額などの合計金額を言います。
- 事業主借とは、（a）家計から現金を借りた金額、（b）家計の現金で支払った事業上の必要経費、（c）事業用の預貯金の利子など事業所得以外の収入を事業で受け入れた金額の合計金額を言います。

元入金の考え方

開業年	最初に個人から事業用に入れたお金
翌年以降	前年の元入金 ＋ 前年の青色申告控除前の事業所得の金額 ＋ 事業主借 － 事業主貸

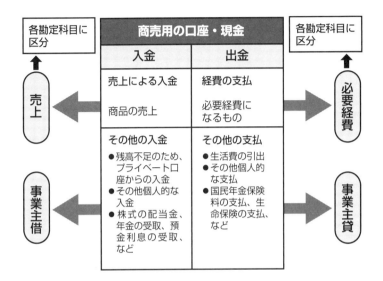

10 給料の計算をしてみましょう

■所得税を天引きすることを源泉徴収と言います

従業員の給料を支払う場合には、所得税を天引きする必要があります。これを「源泉徴収」と言います。では、天引きすべき所得税の額はどのようにして決めればよいのでしょうか。

■保険料と所得税の決定手順

①扶養親族等の確認

まず、年初に従業員に「給与所得者の扶養控除等申告書」を書いてもらいます。これは、従業員の扶養に入っている親族がいるかどうかを確認するための書類です。扶養親族等の人数をここで確認しておきます。扶養親族等とは、その年の合計所得金額が48万円以下の見込みである、配偶者やその他の親族を言います。

②雇用保険料の算出

「給与所得者の扶養控除等申告書」の記入例

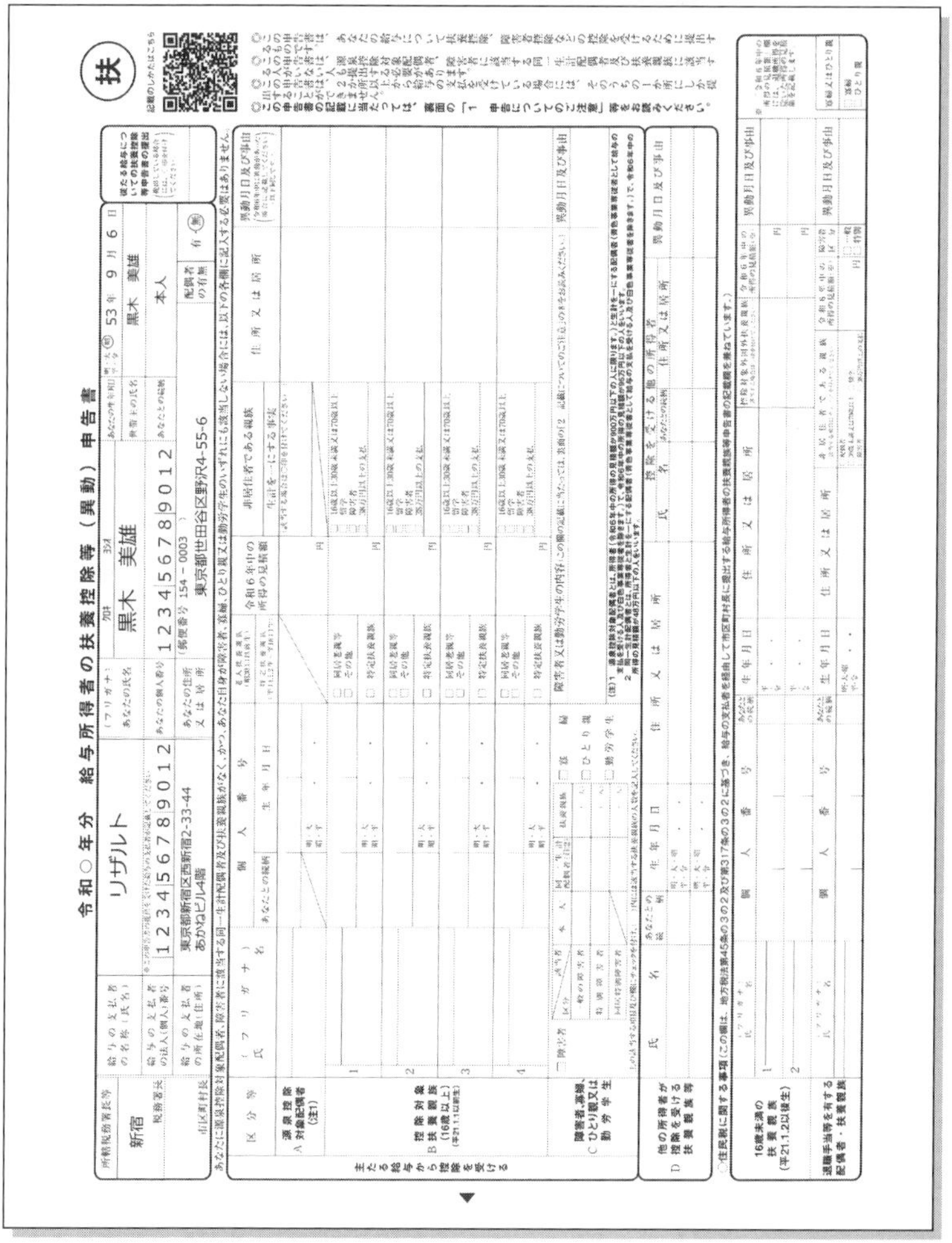

令和〇年分 給与所得者の扶養控除等（異動）申告書

所轄税務署長：新宿 税務署長

給与の支払者の名称（氏名）：リザルト

給与の支払者の法人（個人）番号：1 2 3 4 5 6 7 8 9 0 1 2

給与の支払者の所在地（住所）：東京都新宿区西新宿2-33-44 あかねビル4階

あなたの氏名：黒木 美雄

あなたの個人番号：1 2 3 4 5 6 7 8 9 0 1 2

あなたの住所又は居所：（郵便番号 154－0003）東京都世田谷区野沢4-55-6

あなたの生年月日：昭和 53年 9月 6日

世帯主の氏名：黒木 美雄

あなたとの続柄：本人

配偶者の有無：有・無

※この記載例は執筆時点の様式に基づいています。

給料の計算をする際には、源泉所得税の前に雇用保険料を計算し、やはりこれも天引きしなければなりません。

雇用保険料は「雇用保険料表」を使って計算します。この表は、保険の加入手続きをした際（38ページ）にもらうことができます（厚生労働省ホームページでも入手できる）。

③源泉所得税額の算出

扶養親族の人数と、労働保険料の額が決定したら、所得税の額を出すことができます。これは「給与所得者の源泉徴収税額表」を見て確認します。この表は、税務署に「給与支払事務所等の開設届出書」を提出すると送られてきます（国税庁ホームページでも入手できる）。

まず、「その月の社会保険料控除後の給与等の金額」欄で、給料の額面額から社会保険料等の金額を差し引いた金額の当てはまる縦の欄を探します。次に、扶養親族等の数の当てはまる横の欄を探して、ぶつかったところが天引きすべき所得税の額です。

■賞与からも源泉徴収を行ってください

賞与についても考え方は同じです。労働保険料は、給料の場合と同じようにして計算し、源泉所得税は、「賞与に対する源泉所得税額の算出率の表」の率を使って計算します。

11

正確な売上を把握するために売掛帳を作ります

■即金ではない売上の管理を行うのが売掛帳です

売掛帳とは、得意先（売上先）ごとに、掛けによる売上金額と、入金した金額、売掛金残高を記入する帳簿です。

掛けとは、即金ではなく一定の期間の後に代金を受け取る約束で品物を売るということです。記帳する目的は、掛売上によって生じた売掛金の適正な管理を行うことと、入金の漏れを防ぐことです。

得意先ごとに残高を把握するために、得意先ごとにページを替えて作成します。ページ上段に、得意先名、住所、電話番号等を記載し、以下の事項を記入していきましょう。

①**日付**…実際の売上日、代金を回収した日
②**品名**…商品名や商品の型番など

「売掛帳」の記載例

東京都中央区○○－○－○
03（○○○○）○○○○

株式会社 ウエイブ　殿

月	年 日	品名	数量	単価	売上金額	受入金額	借貸	差引残高
		前月繰越						57,600
4	1	＃01234	12	1,500	18,000		借	75,600
	5	＃01237	12	6,200	74,400		借	150,000
	10	現金回収				57,600	借	92,400
	18	＃01236	24	4,800	115,200		借	207,600
	20	普通預金振込				92,400	借	115,200
		4月合計			207,600	150,000		115,200

③**数量**…売上げた商品の数量
④**単価**…売上げた商品の単価
⑤**売上金額**…数量×単価で計算した金額
⑥**受入金額**…売掛金の入金額
⑦**差引残高**…売上金額から受入金額を差し引いた金額

なお、売掛帳は手書きで作成することも可能ですが、エクセルで作成することをお勧めします。また、無料のアプリもインターネット上に多数公開されているので、そちらを活用してもいいでしょう。

12 正確な仕入を把握するために買掛帳を作ります

■即金ではない仕入の管理を行うのが買掛帳です

売掛帳は得意先（売上先）を対象にした帳簿でしたが、買掛帳とは、反対に仕入先ごとに、掛けによる仕入金額と、支払った金額、買掛金残高を記入する帳簿です。

この場合の掛けとは、即金ではなく一定期間後に代金を支払う約束で品物を受け取るということです。

記帳する目的は、掛仕入により生じた買掛金の適正な管理を行うことと、支払漏れを防ぐことです。

仕入先ごとに残高を把握するために、仕入先ごとにページを替えて作成します。

売掛帳同様に、ページ上段に、仕入先名、住所、電話番号等を記載したら、以下の事項を記入していきましょう。

「買掛帳」の記載例

東京都新宿区○○−○−○
03（○○○○）○○○○

株式会社 MEC　　殿

月	年 日	品名	数量	単価	仕入金額	支払金額	借貸	差引残高
		前月繰越						25,200
4	1	#01234	12	1,080	12,960		貸	38,160
	5	#01237	12	4,320	51,840		貸	90,000
	10	現金回収				25,200	貸	64,800
	18	#01236	24	3,240	77,760		貸	142,560
	20	普通預金振込				64,800	貸	77,760
		4月合計			142,560	90,000		77,760

①**日付**…実際の仕入日または代金を支払った日
②**品名**…仕入れた商品名や商品の型番など
③**数量**…仕入れた商品の数量
④**単価**…仕入れた商品の単価
⑤**仕入金額**…数量×単価で計算した金額
⑥**支払金額**…買掛金の支払額
⑦**差引残高**…仕入金額から支払金額を差し引いた金額

なお、買掛帳は手書きで作成することも可能ですが、エクセルで作成することをお勧めします。また、無料のアプリもインターネット上に多数公開されているので、そちらを活用してもいいでしょう。

13 普通預金通帳・現金出納帳から売上帳・仕入帳・経費帳へ記入していきましょう

主要な帳簿の役割については、すでに説明しましたので、次に、帳簿記入の流れについて説明していきましょう。

■現金売上は通帳へ、掛売上は売掛帳へ記帳します

トータルの売上額を把握するために売上帳を用意しましょう。そして、売上があった場合には、各帳簿への記入とともに売上帳にも記入します。

現金売上の場合は、現金の入金を現金出納帳へ記帳し（普通預金に直接入金することで現金出納帳を省略することが可能です）、掛売上の場合には売掛帳にも記帳する必要があります。

消費税の課税事業者は、税込経理・税抜経理のどちらを選択するかにより、記載方法が異なってきます。また、納税義務のない事業者はすべて税込経理をすることになります。

税込経理の場合には、消費税を含んだ入金額そのものを売上帳に記載します。税抜経理の場

合には、消費税を抜いた売上金額を売上帳に記載し、消費税額は「仮受消費税」という勘定科目を使って、総勘定元帳に記入します。

また、前月以前に掛売上として売上帳に記帳してある分の入金については、売掛帳に売掛金の入金として記入します。

■現金仕入は通帳へ、掛仕入は買掛帳へ記帳します

同じようにトータルの仕入額を把握するため、仕入帳を用意して、仕入をした場合には、仕入帳にも記帳しましょう。

現金仕入の場合は、現金の支払を現金出納帳へ記帳し、掛仕入の場合には買掛帳にも記帳する必要があります。

売上帳と同じように、消費税の納税義務者は税込経理か税抜経理かにより記帳方法が変わってきますし、納税義務のない事業者はすべて税込経理になります。

税込経理の場合には、支払った額全額を仕入帳に記入します。税抜経理の場合には支払った金額のうち、税抜部分を仕入帳に、消費税部分を「仮払消費税」勘定を使って元帳に記帳します。

また、前月以前に掛仕入として仕入帳に記帳してある分の支払については、買掛帳に買掛金の支払として記入します。

■現金による経費の支払は経費帳へ記帳します

現金で、仕入以外の経費を支払った場合には、現金出納帳への記入とともに経費帳にも記帳をしなければなりません。消費税の取扱いについては、仕入帳と同じです。

■預金出納帳・現金出納帳から固定資産台帳へ記帳します

固定資産とは、取得価額（購入金額と購入にかかった諸費用の合計額）が10万円以上で、耐用年数（使用が可能な期間として財務省で定めた期間）が1年以上のものを言います。

具体的には、パソコンや応接セットなどです。これらは、時間の経過で買ったときからどんどん価値が減少していきます。この価値の減少分を減価償却費として、帳簿に記載されている取得価額から減額していく必要があります。

また、台帳に記帳されている資産を捨ててしまったり、売ってしまったりして手元になくなった場合にも記入します。つまり、固定資産台帳とは、固定資産の取得、減価、除却、売却等についての記載をして、事業用固定資産を管理するものなのです。

現金や預金で固定資産を購入した場合には、現金出納帳や預金出納帳（預金通帳）から固定資産台帳にも記入します。また、もう使用しなくなった固定資産を売って現金収入があった場合にも、現金出納帳へ記入すると同時に固定資産台帳にも記入する必要があります。ただ捨てただけの場合には現金収入もないでしょうから、この場合には、固定資産台帳だけに除却の記載をすることになります。

耐用年数は、213~215ページの「耐用年数表」で確認してください。固定資産の種類ごとに年数が記載されています。

■簿記はメリットの大きい「複式簿記」にチャレンジしましょう

ここまで現金出納帳、預金出納帳、売掛帳、買掛帳、経費帳、固定資産台帳の記入のしかたについての説明をしました。これらの帳簿をつけることで、**「簡易簿記」**が完成します。

「簡易簿記」とは、現金・預金出納帳、売掛帳、買掛帳、経費帳、固定資産台帳で把握できる取引のみを記帳するものです。

そのため、借入をした場合などは預金出納帳に入金の記載をするだけで、今どのくらいの残債があるかは、別途自分で管理しなければなりません。「簡易簿記」は損益計算のみを可能にします。損益計算とは、1年間にどのくらい儲かったかを計算することを言います。

一方、**「複式簿記」**とは、損益計算のほかに資産・負債等を表す貸借対照表を作成することが可能です。

「複式簿記」は「簡易簿記」よりもさらに多くの帳簿を作成しなければなりません。

作業が簡単なのは、「簡易簿記」のほうです。現金・預金出納帳を柱に、売掛帳、買掛帳、固定資産台帳に記帳するだけでよいわけです。

ただ、「簡易簿記」はミスが多いものです。一番多いのは、現金・預金出納帳から経費帳への記入です。ここで金額を間違えてしまった場合、「複式簿記」であれば金額の差額として把握することができますが、「簡易簿記」だと、検証のしようがありません。

本書では「複式簿記」についての詳しい説明は省きます。

と言うのも、「複式簿記」にするのであれば、市販の経理ソフトなどを使うほうが便利だからです。事業が徐々に大きくなっていくのであれば、早めに「複式簿記」にきりかえることをお勧めします。また、後述しますが、「複式簿記」を選ぶことによって、青色申告特別控除が最大65万円（令和2年（2020年）以降は原則最大55万円、e-Taxによる申告（電子申告）または電子帳簿保存の要件を満たせば最大65万円）まで受けられ、10万円しか受けられない「簡易簿記」に比べ、節税上のメリットが大きいということもあるからです。

最近ではfreeeやMFクラウドに代表される、クラウド会計ソフトが登場してきています。クラウド会計ソフトは自動仕訳機能を備えているうえ、弥生会計のようなインストール型の会計ソフトと比べて低額で利用することができます。利用にはインターネット環境が必要になりますが、「複式簿記」にするのであればこれらのソフトを活用してもいいでしょう。

14 月に1度は数字の集計をしてください

■月別の表を作って集計してみましょう

現金・預金出納帳から、売掛帳、買掛帳、経費帳、固定資産台帳への記入が終わったら、月に1度は集計してみましょう。

確定申告の時期にあわてて作成するよりも、定期的に集計するほうが、ミスも減りますし、なにより自分の商売が儲かっているのかどうかをいつでも把握することができるので、なにか問題点がある場合に即座に対処することができるのです。

次ページの表を見てください。これは月別総括集計表のフォームです。各項目の集計、記入の方法は次のようになります。

①**現金売上**…売上帳から現金による売上金額を集計してきます。
②**掛売上**…売掛帳から当月の掛売上高を集計してきます。

「月別総括集計表」の例

		月別				決算修正		
		1月	2月		合計	修正金額	修正後	備考
売上金額	現金売上							
	掛売上							
	家事消費							
	計							
雑収入								
仕入金額	現金仕入							
	掛仕入							
	計							
必要経費	租税公課							
	荷造運賃							
	水道光熱費							
	旅費交通費							
	通信費							
	広告宣伝費							
	接待交際費							
	損害保険料							
	修繕費							
	消耗品費							
	福利厚生費							
	給料賃金							
	外注工賃							
	利子割引料							
	地代家賃							
	貸倒金							
	雑費							
	専従者給与							
	合計							
利益								

③**家事消費**…売上帳から記入します。
④**現金仕入**…仕入帳から現金による仕入金額を集計してきます。
⑤**掛仕入**…買掛帳から当月の掛仕入高を集計してきます。
⑥**必要経費**…それぞれの経費帳から集計してきます。

また、表中の決算修正とは、例えば去年分の売上が今年になって入金された場合、その収入を今年の収入から差し引くといった作業のことを言います。

月別総括集計表は、法律で作成が義務づけられているものではありません。しかし、定期的に記帳漏れや、記帳ミスがないかをチェックすることで、より正確な帳簿を作成することができます。

月に一度は必ず集計するようにしましょう。そして、無駄な経費や改善すべき点がないかを確認するようにすることが大切です。

なお、会計ソフトにより記帳を行っている場合、簡単に月次試算表を作成できるので、手軽に経営分析をすることができます。

15

消費税の仕組みを理解しておきましょう

■売上高の消費税から仕入高・経費の消費税を引いて算出します

消費税は、商品の販売やサービスの提供などの取引に対してかかる税金です。生産から流通の取引段階において、それぞれ10％（飲食品類及び新聞のうち一定のものは軽減税率８％）が課税されて、最終的には最後に購入する消費者が負担することになります。

事業者は消費者から預かった税金を消費者にかわって申告し、納税をするシステムになっています。

消費税の納税額は、次の算式で計算します。

消費税額＝売上にかかる消費税－仕入・経費にかかる消費税

113ページの坂本久志さんの例で説明していきましょう。

仕入先である株式会社ＭＥＣから商品を３００万円で購入したときに、商品の代金３００万円に消費税を30万円（３００万円×10％）を加算して３３０万円を株式会社ＭＥＣに支払います。これによって、消費税を30万円支払ったことになります。また、その他に経費として１００万円支払うとこれに10万円（１００万円×10％）の消費税を上乗せして払います。合計40万円の消費税を払ったことになります。

そして商品を得意先である株式会社ウエイブに４５０万円で売却した場合には、45万円（４５０万円×10％）の消費税を受け取ることになります。

この坂本さんの場合、納めなければならない消費税は

45万円－30万円－10万円＝５万円

ということになります。

１月１日から12月31日までの取引のすべての消費税を計算し、消費税の確定申告期限である翌年の３月31日にはこの5万円を支払うことになるのですが、これが１年分の取引のすべてとなるとかなりの金額になります。納税の期限に納付すべきこの5万円部分も日常の運転資金として取込んでしまっているのが普通ですので、納期限に納税資金に不足が生じないよう十分注意する必要があります。

消費税課税の流れ

①

製造業者 株式会社MEC	
売上	3,000,000
売上にかかる消費税	**300,000**
材料仕入	1,500,000
材料仕入にかかる消費税	**150,000**
経費	1,000,000
経費にかかる消費税	**100,000**
納付税額	**300,000** **−150,000** **−100,000**
国に納付A	**50,000**

②

リザルト （坂本久志）	
売上	4,500,000
売上にかかる消費税	**450,000**
商品仕入	3,000,000
商品仕入にかかる消費税	**300,000**
経費	1,000,000
経費にかかる消費税	**100,000**
納付税額	**450,000** **−300,000** **−100,000**
国に納付B	**50,000**

③

小売業者 株式会社ウエイブ	
売上	6,500,000
売上にかかる消費税	**650,000**
商品仕入	4,500,000
商品仕入にかかる消費税	**450,000**
経費	1,000,000
経費にかかる消費税	**100,000**
納付税額	**650,000** **−450,000** **−100,000**
国に納付C	**100,000**

④

消費者	
購入代金	6,500,000
＋消費税分	**650,000**
負担税額 つまりA＋B＋C	**650,000**

■消費税の納税義務があるかどうか判定しましょう

消費税の納税義務があるかどうかは、2年前の売上（課税分）で判定します。つまり、2年前の売上が1000万円を超えるのであれば納める消費税の計算は、今年の売上や仕入にかかる消費税をもとに行います。ただし、平成25年分からは、2年前の売上が1000万円以下であっても、その年の前年1月1日から6月30日までの期間における売上が1000万円を超え、かつ同期間に支払った給与の合計額が1000万円を超えるときは納税義務があることになります。

■消費税がかかる取引か、かからない取引かを判定しましょう

消費税がかかる売上を「課税売上」と言い、消費税がかかる仕入を「課税仕入」と言います。消費税法では次の要件を満たす取引を課税取引としています。「国内において事業者が事業として行うもの」「対価を得て行うもの」「資産の譲渡、資産の貸付またはサービスの提供であること」。

ただし、これらの条件を満たしていても、土地の譲渡、貸付等、医療費や住宅の貸付等は「消費税の性格になじまないこと」「社会政策上の配慮」によって課税対象から外されています。一つひとつの取引を課税対象かどうか判定するのは難しいものです。

次ページ以降の「課税売上の判定表」「課税仕入の判定表」で確認してください。

課税売上の判定

勘定科目	内容	課税	非課税	対象外
売上	①商品や製品の売上	○※		
	②サービスの提供	○		
	③輸出売上	○(0%)		
	④売上値引・割戻し（⑤参照）	○※		
	⑤課税事業者でなかった期間の売上についての返品			○
	⑥家事消費	○※		
	⑦土地の賃貸料		○	
	⑧駐車場の賃貸料（⑨参照）	○		
	⑨青空駐車場の賃貸料		○	
	⑩建物の賃貸料、共益費、礼金（居住用として賃貸）		○	
	⑪建物の賃貸料、共益費、礼金（居住用以外として賃貸）	○		
	⑫国外で開催されるイベント制作			○
	⑬商品券・切手・プリペイドカード・テレホンカードの売上		○	
雑収入	⑭買掛金期日前の支払による割引料	○		
	⑮掛売先への利子の別途請求分		○	
	⑯為替差益			○
	⑰現金過入金			○
	⑱自動販売機の手数料	○		
	⑲従業員への社宅貸付料		○	
	⑳従業員の社員食堂利用料	○		
	㉑保険金の入金			○
	㉒見舞金・餞別・祝い金			○
	㉓保険事務代行手数料	○		
	㉔優良な代理店への報奨金など			○
	㉕事業用の土地・借地権の売却		○	
	㉖事業用の建物・備品等の売却	○		

課税仕入の判定①

損益計算書

区分	勘定科目	内容	課税	非課税対象外
売上原価	仕入高	商品や製品の仕入	○※	
		輸入仕入	○※	
		免税事業者からの仕入	○※	
		仕入値引・割戻・割引	○※	
		商品券・切手・プリペイドカード等の仕入		○
	期首棚卸高	—		○
	期末棚卸高	—		○
経費	租税公課			○
	荷造運賃	宅急便代	○	
		輸出運賃・通関手続費用・輸出保管代		○
	水道光熱費	電気・ガス・水道・燃料代	○	
	旅費交通費	国内の交通費・出張費・日当	○	
		海外の交通費・出張費・日当		○
		通勤手当	○	
	通信費	通話料・郵送代・テレホンカード（自己使用）	○	
		国際電話・国際郵便		○
	広告宣伝費	見本品・販売促進用品のプリント代等	○	
	接待交際費	飲食代・贈答品代	○※	
		ゴルフプレー代（ゴルフ場利用税を除く）	○	
		海外での飲食代等		○
		見舞金・祝い金等		○
		商品券・ビール券		○
		サッカーや野球のシーズンチケット	○	
	損害保険料	損害保険料		○
	修繕費	修繕費	○	
	消耗品費	消耗品	○	
	減価償却費	—		○
	福利厚生費	社会保険料		○
		社員旅行（国内）	○	
		社員旅行（海外）		○
		慶弔見舞金		○
		忘年会費用・健康診断費用・夜食代	○	

課税仕入の判定②

損益計算書

区分	勘定科目	内容	課税	非課税対象外
経費	給料賃金	—		○
	外注工賃	—	○	
	利子割引料	利息・手形割引料・保証料		○
	地代家賃	地代		○
		住宅の家賃・管理費・更新料		○
		上記以外の家賃・管理費・更新料	○	
		駐車場の使用料	○	
	貸倒金	売掛金の貸倒	○※	
		貸付金等の貸倒		○
	雑費		○	
引当金等	貸倒引当金繰戻	—		○
	貸倒引当金繰入	—		○
	専従者給与	—		○

製造原価の計算

区分	勘定科目	内容	課税	非課税対象外
製造原価	原材料仕入高	材料の仕入	○	
		材料仕入の値引・割戻・割引	○	
	期首原材料棚卸高	—		○
	期末原材料棚卸高	—		○
	外注工賃	—	○	
	電力費	—	○	
	水道光熱費	—	○	
	修繕費	—	○	
	減価償却費	—		○
	期首半製品・仕掛品棚卸高	—		○
	期末半製品・仕掛品棚卸高	—		○

※軽減税率の対象は８％

課税仕入の判定③

貸借対照表

区分	勘定科目	内容	課税	非課税対象外
資産	現金預金	現金・当座預金・普通預金・定期預金等		○
	受取手形・売掛金	—		○
	有価証券	株券・出資金等		○
	棚卸資産	購入時に仕入控除される		○
	前払金・貸付金	—		○
	建物	※取得価額に算入する租税公課は対象外	○	
	建物付属設備	〃	○	
	機械装置	〃	○	
	車両運搬具	〃	○	
	工具器具備品	〃	○	
	土地	土地の代金		○
		土地の取得価額に算入する仲介手数料等	○	
	差入保証金（返還有）	—		○
	保険積立金			○
	ソフトウエア		○	
	繰延資産	同業者団体加入金		○
		フランチャイズシステム加入金	○	
		賃借建物（住宅用）の権利金		○
		賃借建物（住宅用以外）の権利金	○	
	事業主貸			○
負債	支払手形・買掛金			○
	借入金・未払金			○
	前受金・預かり金			○
	貸倒引当金			○
	事業主借			○
資本	元入金			○

■インボイス制度に注意しましょう

・インボイス制度とは？

インボイス制度が令和5年10月1日から実施されています。しかし、まだ制度の内容が十分に周知されているとは言い難い状況です。登録の検討の前にまずはインボイス制度とはどんな内容なのか説明しましょう。なお、インボイスの正式名称は「適格請求書」ですが本書ではより一般的な「インボイス」で表記します。

まず、税務署に納付すべき消費税額がどのように計算されるかをおさらいします。

売上消費税１００万円－仕入消費税60万円＝納付すべき消費税40万円

この「仕入消費税60万円」について、今までは一定の記載条件を満たした請求書等の授受があり帳簿にきちんと記帳されていれば適用できました。この記載要件というのも日付や相手先氏名、対価の額など普通に作成すれば当然のように記載されているようなものばかりなので特段問題になるようなものでもありませんでした。

しかし、インボイス制度下ではこの要件が厳しくなります。まず、インボイスを発行するには税務署に届出をして登録番号を発行してもらわなくてはなりません。さらに、税務署に届出をして登録番号を発行してもらうことができるのは消費税の課税事業者に限られています。

これは視点を変えれば「免税事業者から仕入れをしている事業者はもう仕入税額控除をさせてあげません」ということです。仕入をした側から見れば、ただでさえ仕入先に支払う際に消費税を乗っけているのにさらに税務署にも払わなければならなくなるのですからたまったものではありません。当然「もう免税事業者から仕入するのを止めよう」「免税事業者には値引き交渉をしよう」という判断をすることになるでしょう。

仕入先である免税事業者の側から見ても、インボイスを発行するには課税事業者にならなければならないのですが、これは売上は変わらないまま消費税の納税負担だけが増えることと同義です。免税事業者には経営体力に乏しい零細事業者が大勢います。消費税の納税負担が増えるだけで経営に致命的な影響を与えることになります。これが結果として大手による所謂「下請けいじめ」や零細事業者の大量廃業を引き起こすのではないかと今に至ってもなお方々から批判の対象になっています。

・開業したら必ずインボイスの発行事業者に登録しないといけないのか？

特例が適用される一部の事業者を除き、開業した直後は消費税の免税事業者です。ですからインボイスの登録事業者になるには課税事業者の選択など各種の届出が必要なのですが、そもそも全員がインボイスの発行事業者にならなければならないのでしょうか？　これから始まる事業についてどんな顧客をターゲットにしているかを考えてみてください。あなたがインボイスの発行事業者にならなければならない場合とは「顧客があなたにインボイスの発行を要求してくる」状況のことです。そしてインボイスの発行を要求する人は「事業者」だけです。

つまり、あなたの事業のメインターゲットが「消費者」ならばインボイスの発行事業者になる必要はないのです。

ただ事業者が相手の事業なら必ずインボイスの発行事業者に登録すべきかというとそうでもありません。あなたの事業の売上が消費税を課税させない「非課税売上」である場合は、インボイスは必要ありません。「事業の売上が非課税売上」の一番わかりやすい例は貸アパートでしょう。居住用目的の家屋の貸付けは非課税売上に分類されるので借手が誰であれインボイスの発行を要求されることはありません。

とはいえ、飲食店業や小売業のようにはっきりと顧客が消費者か事業者か分類できない事業も少なくないと思います。ただどんな事業でも「顧客がインボイスの発行を要求してくるのか」という基本的な考え方は同じです。事業計画で想定したメインターゲットと照らし合わせてインボイスの発行事業者になるべきかどうか慎重に検討しましょう。

・インボイス発行事業者はどうやって登録するのか？

開業と同時にインボイスの発行事業者になるときは**「適格請求書発行事業者の登録申請書」**を開業した日の属する課税期間の末日（通常は開業年の年末、ただし課税期間を短縮しているときは要注意）までに「事業を開始した日の属する課税期間の初日から登録を受けようとする旨」を記載して提出します。「事業を開始した日の属する課税期間の初日から登録を受けようとする旨」を記載しないと原則通りの扱いとして「登録された日」からでないとインボイスを発行できないので注意してください。なお申請書提出から登録までは申請方法と申請件数によって約1カ月～1・5カ月程度とされています。

先述の登録申請書に加えて**「消費税課税事業者選択届出書」**も同じように開業した日の属する課税期間の末日までに提出します。ただし、開業したのが令和5年10月1日から令和11年9月30日までの日の属する課税期間中であるときはこの届出書は不要とされています。

消費税の計算を簡易課税制度でやりたいときは、同じく開業した日の属する課税期間の末日までに「消費税簡易課税制度選択届出書」を提出します。

・インボイスはどうやって作成するのか？

登録申請書を提出するとインボイスの発行事業者として国税庁に登録され個別の番号が割り

当てられます。しかし、番号さえ割り当てられれば自分が発行する請求書が全部インボイスになるわけではありません。インボイスとして認められるためには次の記載事項をすべて記載する必要があります（番号は次ページの作成例に対応しています）。

①発行する者の氏名又は名称と登録番号
②課税資産の譲渡等を行った年月日
③課税資産の譲渡等に係る資産または役務の提供（軽減税率対象資産がある場合はその旨も）の明細
④課税資産の譲渡等の税抜または税込価額の税率ごとに区分して合計した金額及び適用税率
⑤税率ごとに区分した消費税額
⑥書類の交付を受ける者の氏名または名称

インボイス制度の基礎的な説明はここまでとなります。これ以上はかなり専門的な話になるので本書では割愛します。国税庁はインボイスの特集ページを設けQ＆A等を公開しています。実務の現場では基礎的な部分だけでは対応できないような事態に遭遇することもありますので、国税庁の特集ページを参照したり、税理士などの専門家に相談する等して慎重な対応をするように心掛けてください。

インボイスの作成例

請求書

東京　太郎　様 ⑥

令和○年○月○日 ②
リザルト ①
T○○○○○○○○○○○○○

請求金額　957,000円

③ 明細	単価	数量	金額
IC基盤　＃01234	1,500円	100	150,000円
IC基盤　＃01235	4,800円	150	720,000円
④ 10%対象：合計			870,000円
⑤ 10%対象：消費税			87,000円

・自分はインボイスをもらえるのか？

あなたが消費税の課税事業者で、かつ、簡易課税を適用していないなら、インボイスは自分が発行するかどうかだけでなく、自分が発行してもらえるのかどうかも重要になってきます。

仕入れや消耗品の購入、他者への外注など事業に関わる支出をしたときはまず相手方の発行する請求書がインボイスの要件（詳細は122ページ「インボイスはどうやって作成するのか？」を参照してください）を満たしているか確認しましょう。もし満たしていないのであればまず「インボイスをください」と請求してみましょう。相手が登録済みのインボイス発行事業者であれば必ず請求に応じて発行する義務があります。

難しいのは相手がインボイス発行事業者でないときです。この場合、この仕入先への支出に対しては消費税の仕入税額控除ができないので消費税の納税負担が高くなってしまうため次のような対応をとることになるでしょう。

・仕入先にインボイス発行事業者に登録するよう要求する
・仕入先に値引き交渉を持ちかける
・代わりの仕入先を見つける

もちろん消費税の負担増を受け入れるという経営判断もあるでしょう。仕入先との関係や事業の形態、資金繰りの状況など考慮することは多岐にわたります。どんな場面でも必ずこれが正解という絶対的な指標はありません。選択は慎重に検討しましょう。

第4章

事業経営の節税の秘策教えます

税金を納めるのは事業経営者の義務です。とは言え必要以上に払うこともありません。個人事業者のための節税のポイントを紹介しましょう。

1 なにはともあれ青色申告を選択しましょう

■白色申告より断然青色申告です

節税の第一歩は、何をさておいても「青色申告をする」ということです。青色申告とは簡単に言うと、「簿記のルールに従って正確に帳簿をつけ、正しい納税をします」という約束をすることで、税金をまけてもらえるという制度です。この制度を使わない通常の申告を白色申告と言います。青色申告を行ったほうが白色申告よりも有利な点がたくさんあります。

■青色申告によってここまで節税が可能になります

青色申告を選択すると主に次のような特典が受けられます。

①青色申告特別控除が使える（事業的規模）

青色申告をしているご褒美として、実際に支払った経費以外に最大で65万円（令和2年（2020年）以降は原則最大55万円、一定の要件を満たせば最大65万円）が控除できます。

②青色事業専従者給与を経費にできる（事業的規模）

家族に給料を出す場合、白色申告なら実際に出した給与の金額にかかわらず、必要経費にできるのは配偶者が86万円、子供は50万円までの事業専従者控除額に限られます。これに対して青色申告なら労働に対する対価として相当である金額に限られますが、給与として出した全額が経費になります。

③損失の金額を3年間繰越できる

開業1年目などは経費が多額にかかり赤字になる可能性が大きいものです。所得税は暦年課税ですので、白色申告の場合、所得計算で生じた赤字の金額は切り捨てですが、青色申告なら、この赤字を翌年以降3年間繰越して、翌年以降の所得から控除することができます。

④特別償却・税額控除その他特別な減税制度を適用できる

固定資産の償却が法定の償却額より多く必要経費にできる特例や引当金を計上して必要経費を余分に計上できる制度など、青色申告であれば優遇される特例が数多くあります。

■青色申告者には厳正な帳簿づけが求められます

青色申告者には次のことが義務づけられています。

●定められた帳簿を備え正確に記帳すること

●帳簿に基づいて青色申告決算書を作成すること
●帳簿を7年間保存しておくこと

多少の手間はかかりますが、ぜひ挑戦してください。個人事業主の大部分は青色申告を選択しています。

■開業したら2カ月以内に申請してください

青色申告をするためには「所得税の青色申告承認申請書」という書類を税務署に提出します。その書類提出後、税務署長からなんの通知もなければ青色申告が承認されたことになります。「所得税の青色申告承認申請書」は国税庁のホームページ(http://www.nta.go.jp/)からダウンロードできます。

必要事項を記入したら、事業を開始した日から2カ月以内に提出してください。1日でも遅れてしまうと1年目は青色申告ができません。なお、事業を開始した日が1月1日から1月15日の間であるときは3月15日までに提出すればよいことになっています。

■承認のための申請書を書きましょう

「所得税の青色申告承認申請書」の書き方は、記入例を参考に必要事項を記入してください。

「所得税の青色申告承認申請書」の記入例

税務署受付印

1	0	9	0

所得税の青色申告承認申請書

上尾　税務署長

＿＿年　1　月　31　日提出

納税地	◯住所地・◯居所地・◯事業所等（該当するものを選択してください。） （〒 363－0000 ） 埼玉県桶川市春日1-22-33 （TEL 042 － 111 － 1111）
上記以外の住所地・事業所等	納税地以外に住所地・事業所等がある場合は記載します。 （〒 163－0437 ） 東京都新宿区西新宿2-33-44　あかねビル4階 （TEL 03 － 3333 － 3333）
フリガナ 氏名	サカモト　ヒサシ 坂本　久志
生年月日	◯大正・◯昭和・◯平成・◯令和　44年7月1日生
職業	コンピュータ部品の販売
フリガナ 屋号	リザルト

令和＿＿年分以後の所得税の申告は、青色申告書によりたいので申請します。

1　事業所又は所得の基因となる資産の名称及びその所在地（事業所又は資産の異なるごとに記載します。）

名称　リザルト　　所在地　東京都新宿区西新宿2-33-44　あかねビル4階

名称＿＿＿＿＿＿＿＿　所在地＿＿＿＿＿＿＿＿

2　所得の種類（該当する事項を選択してください。）

◯事業所得・◯不動産所得・◯山林所得

3　いままでに青色申告承認の取消しを受けたこと又は取りやめをしたことの有無

(1)　◯有（◯取消し・◯取りやめ）　＿＿年＿＿月＿＿日　(2)　◯無

4　本年1月16日以後新たに業務を開始した場合、その開始した年月日　＿＿年　1　月　31　日

5　相続による事業承継の有無

(1)　◯有　相続開始年月日　＿＿年＿＿月＿＿日　被相続人の氏名＿＿＿＿＿＿＿＿　(2)　◯無

6　その他参考事項

(1)　簿記方式（青色申告のための簿記の方法のうち、該当するものを選択してください。）

◯複式簿記・◯簡易簿記・◯その他（　　　　　）

(2)　備付帳簿名（青色申告のため備付ける帳簿名を選択してください。）

◯現金出納帳・◯売掛帳・◯買掛帳・◯経費帳・◯固定資産台帳・◯預金出納帳・◯手形記入帳
◯債権債務記入帳・◯総勘定元帳・◯仕訳帳・◯入金伝票・◯出金伝票・◯振替伝票・◯現金式簡易帳簿・◯その他

(3)　その他

関与税理士

（TEL　　－　　－　　）

税務署整理欄	整理番号	関係部門連絡	A	B	C		
	0						
	通信日付印の年月日		確認				
	年　月　日						

※この記載例は執筆時点の様式及び記載例に基づいております。

まず、「納税地」の欄には自分の住所を記入してください。自宅以外の場所で事務所を構える場合には「上記以外の住所地・事業所等」の欄に記入します。もし、住所ではなく、事業所の所在地の税務署で申告したいときは「納税地の異動の届出」という書類を異動前の税務署に提出することが必要になります。

「6 その他参考事項」欄で、青色申告特別控除を最大限の65万円受けたいときは「(1)簿記方式」で「複式簿記」を選びます。この場合は「(2)備付帳簿名」のうち、選択した帳簿をすべて備えることが必要です。

「簡易簿記」を選ぶ場合は「(2)備付帳簿名」のうち、現金出納帳から固定資産台帳までを作ればよいことになります。ただし、これでは青色申告特別控除は10万円しか受けられません。

市販の経理ソフトなどを使えば「総勘定元帳」「仕訳帳」「振替伝票」も簡単に作れます。ここはぜひ複式簿記に挑戦してみてください。

なお、従来は、申請書などは同じものを2部つくり1枚は提出用、もう1枚は自分の控え用として税務署に収受印を押してもらうことが一般的でした。しかし、令和7年1月以降、税務署は書面提出書類に収受印を押さない方針に転換しました。そのため書面提出の場合は自分用の控えを用意することができなくなるため、できる限りe-Taxを使った電子申請を行うことをお勧めします。電子申請であればデータ上でいつでも受信通知を確認することができ便利です。ただし、当面の間は希望すれば「受付日」や「税務署名」を記載したリーフレットを交付することとする措置がとられています。

2 資産購入は30万円未満に抑えましょう

■固定資産と減価償却について理解しましょう

事業をする上で必要な資産にはどのようなものがあるでしょうか。

例えば、パソコン、電話器、FAX、机、椅子、書類を入れるための棚、商談をするための応接セットなどの備品類、移動のための車など、これらは事業をするための必需品ですが、中にはかなり高額なものもあります。

では、これらの資産の購入金額はすべて支払った年の必要経費とできるのでしょうか。残念ながら落とせません。これらの資産は1年で使い切ってしまうものではなく、何年も使用するものなので、その使用する期間にわたって分割して経費にします。これがいわゆる**減価償却**です。

しかし、実際に支払は済んでいるのに、経費にできないというのは少し納得がいかない話ですね。資金繰りの問題もありますから、支払ったお金と税務上の経費の金額は一致させたいも

少額、一括減価償却資産の償却方法

10万円未満	全額支払った年の経費にできる
20万円未満	一括償却資産として毎年1／3ずつ経費にできる
20万円以上	減価償却する

令和8年（2026年）3月31日までの青色申告の特典として

30万円未満	全額支払った年の経費にできる（年間総額が300万円まで）

のです。

■固定資産を全額必要経費にする方法があります

そこで節税のポイントを紹介しましょう。

全額経費とする資産の購入方法です。資産の購入金額によっては支払時に一括で経費にできるというものです。

青色申告していることが条件になりますが、30万円未満の金額は必要経費とすることができるのです（令和8年（2026年）3月31日まで取得の場合の青色申告の特典）。ポイントは「未満」。30万円ちょうどの資産を買うと全額落とせなくなります。

例を挙げてみましょう。

●29万8000円のパソコンを1月に買った場合…経費の金額は29万8000円（全額）
●30万円のパソコンを1月に買った場合…経費の金額は15万円（定率法、4年で償却）

たった2000円の違いで経費の金額が14万8000円もかわります。

なお、金額の判定は1台ごとに行います。

2台以上まとめて領収書を切ってもらう場合には領収書へ「パソコン2台分として」というように明記してもらってください。

原則として、少額の固定資産は前ページ表のように必要経費とできます。

3 家族を青色事業専従者にすると給料を全額経費にすることができます

■適正な給料の設定がポイントです

自分の家族に生活費やお小遣いを渡したとしても、その金額を経費にすることはできません。それでは、家族を従業員にしてお給料を出した場合はどうなるでしょうか。

その家族が青色事業専従者で、その給料が仕事の内容に照らして適正な金額であれば、その給料は経費にすることができます。

青色事業専従者とは、青色申告をしている事業主の家族で次の条件に当てはまる人です。

- 事業主と生計を一にしていること
- その年の12月31日で15歳以上であること
- その年を通じて6カ月超、その仕事に専ら従事していること簡単に言えば「同じ屋根の下に暮らしている家族のうち事業を手伝ってくれる人」なのですが、「その仕事に専ら従事」という条件がありますので、別に職業を持っている場合や、学生である場合には青色事業専従者には当てはまらないことになります。

次に、「適正な給料の金額」ですが、具体的な仕事の内容や時間に応じて決めることになります。高すぎる金額は経費として認められません。

「もし他人を雇って同じ仕事をさせるとしたらいくらまで出せるか」を基準に考えてください。

一方、この金額は安すぎても意味がありません。

なぜならば家族が青色事業専従者になった場合、その家族について配偶者控除や扶養控除が受けられなくなるからです。

例えば月に3万円程度しか給料を出さない場合、給料として1年分の経費にできる金額は36万円です。

配偶者控除・扶養控除は38万円ですから、給料を出さないで所得控除を受けたほうが得だったということになってしまいます。

なお、青色事業専従者に払う給与を青色事業専従者給与といい、「青色事業専従者給与に関する届出書」として、税務署へその金額を届出する必要があります（44ページ）。

なお、奥さんやお子さんへ出した給料は給与所得として所得税・住民税がかかります。

ただし、給与所得については給与所得控除という概算経費の控除が認められ、家族それぞれについて所得控除が使えます。

所得税は所得の金額が大きければ大きいほど税率が高くなる仕組みになっています（累進課税）。家族に給料を出して所得を分散することで事業主一人に所得が集中することを防ぎ、累進税率の緩和・所得控除の最大限の活用が可能になるのです。

4 消費税は簡易課税で納税しましょう

■計算も簡単かつ納税額も抑えられます

消費税は預かった消費税（売上に対する消費税）から支払った消費税（仕入や経費に対する消費税）を控除してその差額を納めます。この計算方法を一般課税方式と言い、原則的にはこの一般課税方式で消費税を計算する必要があります。ただし、この方法は計算が煩雑です。

そこで、売上が5000万円以下の比較的小規模な商いをしている人であれば、簡易課税方式という簡単な方法で計算することが認められています。

簡易課税では売上に対する消費税にみなし仕入率を掛けて、控除する消費税の金額を計算します。控除率は事業の種類によって定められています。

卸売業は90％、小売業は80％、製造業は70％（農林水産業のうち軽減税率の対象となる一定の飲食品類の譲渡は80％）、飲食店は60％、その他のサービス業・金融保険業は50％、不動産業は40％です。複数の異なる事業を営む事業者が簡易課税を適用する場合には、納税額はそれぞれの業種の売上高にそれぞれの業種のみなし仕入率を乗じて判定します。主要な事業が全体の売上高の75％を占めている場合には、主要な事業のみを営むものとして納税額を算定してもかまいません（52～54ページ）。

この簡易課税で計算することによって、実際に支払った消費税の金額よりも多くの金額を控除できる可能性があります。具体的な例を見てみましょう。

●売上の金額２２００万円、仕入・経費の金額１７６０万円の場合（卸売業：税込）

①一般課税の場合

（２２００万円×10／１１０）－（１７６０万円×10／１１０）＝40万円

②簡易課税の場合

（２２００万円×10／１１０）－（２２００万円×10／１１０）×90％＝20万円

⬇簡易課税のほうが20万円安くなり有利です。

ただし、支払った消費税の金額が多い場合には一般課税のほうが安くなる場合もあります。考え方としては、売上の金額に対する仕入・経費（消費税が課税されていないもの、例えば給与・保険・税金などは除きます）の金額の割合が、簡易課税のみなし仕入率よりも大きいか小さいかで判定します。大きければ一般課税、小さければ簡易課税が有利です。

先ほどの例の場合だと

①売上に対する仕入・経費の割合

⬇1760万円÷2200万円×100＝80％

②みなし仕入率（卸売業の場合）

⬇90％

③判定

⬇80％ ＜ 90％ ∴簡易課税が有利

となります。

なお、簡易課税制度を適用するには、その年の前年12月31日までに「消費税簡易課税制度選択届出書」の提出が必要になります。（52ページ）。

また、課税事業者を選択し、その2年以内に100万円以上の設備投資をするなど一定の要件に該当する場合には、設備投資をした年から3年間は簡易課税制度を適用することができません。

5 減価償却は定率法を選びましょう

■早期に資産の取得額を償却したければ定率法を選んでください

固定資産の購入金額は、取得時に全額が経費になるのではなく、減価償却という方法で数年にわたって経費になるということを紹介しました。この減価償却の計算方法は税法で定められており、主な償却方法に定額法と定率法の２種類があります。

建物・建物附属設備・構築物の減価償却は定額法しか使えないことになっていますが、これら以外の資産の償却方法は資産の種類ごとに定額法か定率法かのいずれかを選択できます。

では、どちらの方法を選べば税金が少なくなるのか考えてみましょう。

具体例をもとに資産を取得した初年度の償却額を比較してみましょう。

一般的には定率法が有利と言われています。

●パソコン…35万円（耐用年数４年）の場合（取得初年度）

［定額法］ 35万円×０・２５＝８万７５００円
［定率法］ 35万円×０・５００＝17万５０００円
➡17万５０００円－８万７５００円＝８万７５００円　∴定率法が８万７５００円有利

このように1年目の償却額は、定率法が断然大きくなり有利と言えます。

なお、定額法は毎年一定の金額が償却費となるのに対して、定率法では2年目以降の資産の未償却残高に償却率、保証率、改定償却率を使って償却費の比較計算（２０８ページ）を行いますが、1年目の償却額が一番大きく、その後償却費の金額が年々減っていきます。

つまり、定率法のほうが資産の取得額を早期に経費化することができるわけですが、最終的な償却費の合計金額はどちらの方法で行っても同じになります。

ただし、資産は年数を経るごとに劣化して修繕などの維持費が増えるため、購入初期に多額の償却費を計上できる定率法を選ぶほうが、資産の使用価値の逓減に応じた費用化という観点から合理的であると言えます。

■届出を行わない場合は定額法で計算します

定率法を選択する場合には税務署に対して届出が必要になります。事業を始めた初年度については最初の確定申告の申告期限までに「所得税の減価償却資産の償却方法の届出書」(47～48ページ)を提出してください。この届出書の提出がない場合には、定額法で計算することになります。

また、事業を始めた年の翌年以降に償却方法を変更する場合には、「所得税の減価償却資産の償却方法の変更承認申請書」を提出します。この期限は変更しようとする年の3月15日までなので、注意してください。

6 領収書のない支払も経費になります

■出金伝票を切って領収書がわりにします

事業のために支払った金額を経費として処理するためには、領収書を保存しておく必要があります。

領収書は実際に経費として支払っていることを証明する書類ですから、これがあれば万が一税務署の調査が入ったときでも安心です。

その一方で領収書がもらえない支払金額、これも結構あると思います。

例えば、

- 移動時の電車賃、バス代（Suicaなどのプリペイド式カードへチャージしただけでは経費になりません。実際に電車賃やバス代として使った部分のみが経費となります）
- 自動販売機で購入した物品代
- 香典、祝い金等の支払

などです。

それでは、これらの領収書のない支払は一切経費にできないのでしょうか。結論から言えば、事業のために使ったのですから経費にできます。

しかし、実際に支払ったところを第三者が見ていて証明してくれるわけではありませんから、それなりの信憑性をつけなければなりません。

領収書のない支払をしたつど市販されている出金伝票を使い、領収書のかわりに活用しましょう。

出金伝票に日付、金額、支払先を正確に記入し、内容についても明らかになるようにきっちり記入しておきます。次ページの記入例を参考にしてください。この出金伝票を領収書のかわりとして保存しておくのです。

後で金額などがわからなくならないように、支払のつど、忘れずに記入する癖をつけることが大切です。さらに、交通費等であれば、精算の明細に業務の内容を記載した業務日報なども合わせて保存しておけば、証拠書類として有用です。慶弔の支払については礼状や案内状などがあればこれらも証拠書類となります。一緒に保存しておきましょう。

また、領収書のない支払はほとんどが現金支払でしょうから、その現金支払は現金出納帳に記載されます。現金出納帳にも詳細を記載しておけば、時間的経過が明瞭ですから、さらに証拠能力を増します。

「出金伝票」の記入例

出金伝票 No.＿＿＿＿

年 8月 10日

承認印					係印

コード		支払先	しこう有限会社 様

勘定科目	摘要	金額
接待交際費	創立30周年記念	30000
	パーティー祝い金として	
仮払消費税等		
合計		¥30000-

コクヨ テ-2002

出金伝票 No.＿＿＿＿

年 6月 15日

承認印					係印

コード		支払先	東京メトロ 様

勘定科目	摘要	金額
旅費交通費	西新宿⇄四谷	320
	(株)ウェイブ	
	納品立ち会い	
仮払消費税等		
合計		¥320

コクヨ テ-2002

7 契約書は1通しか作らなくてもかまいません

■ばかにならない印紙税を節約しましょう

事業をしていると契約書を作成する機会が幾度となくあるでしょう。実際に取引を始める際に、口約束だけでは後のトラブルに発展する可能性があるため、取引の具体的な条件についての取り決めを文書にして残しておくことはとても重要です。

そこで、注意したいのが、契約書に貼る義務のある収入印紙です。

印紙税とは、印紙税法に定められた文書を作成した場合に、定められた金額の収入印紙を貼り、消印することにより納付が完了します。契約書には印紙を貼らなくてはいけないものとそうでないものがありますが、印紙を貼る必要がある場合には、この印紙税の金額は結構ばかになりません。

契約書は二者の約束事ですから、通常同じものを2部作って、お互いに1部ずつ保管します。この場合、当然ながら印紙税も2倍かかります。ところが、契約書は必ず2通作らなくてもよ

印紙税がかかる主な契約書

番号	文書の種類	印紙税額	主な非課税文書
1号文書	①不動産等の譲渡に関する契約書 ②地上権又は土地の賃借権の設定又は譲渡に関する契約書 ③消費貸借に関する契約書 ④運送に関する契約書	200円～60万円※	契約金額が1万円未満のもの
2号文書	請負に関する契約書	200円～60万円※	契約金額が1万円未満のもの
7号文書	継続的取引の基本となる契約書 （契約期間が3カ月以内で、かつ更新の定めのないものは除きます）	4,000円	－

※ 一定の契約書については、令和9年（2027年）3月31日まで上限48万円

いのです。重要度の低いものであれば、作成するのは1部だけ、もう1部はコピーでかまいません。

例えば、売上について前金をもらう取り決めであれば、売掛金の回収漏れの心配はまずありません。自分の分はコピーをもらえば十分です。

そこで気をつけたいのは、契約書は、必ず署名・押印、印紙の貼付・消印がすべて終わったあとにコピーするということです。署名・押印する前の契約書をコピーして、コピーしたものに署名・押印してしまうと、それはコピーではなく、契約書の原本であるとみなされます。原本であれば印紙を貼る必要が生じてしまいますので注意してください。

8 代金の受領は振込にしましょう

■領収書の印紙税が節約できます

支払を経費とするために、領収書を保管しておくことが重要であることはすでに述べましたが、それは得意先のお客様にとっても同様です。売上の代金を受け取ったときには、こちらが領収書を発行しなければなりません。

ところが、領収書を作ると印紙税がかかるのです。

領収書に貼る印紙の金額は次ページの表のように定められています。

この印紙代も積もり積もれば結構な金額になります。そこで、領収書の印紙についても節税を考えましょう。次のような方法が考えられます。

①消費税込みで記載すれば総額に対する印紙税額となるが、消費税額を別記すれば税抜きの記載金額に対応する印紙税で済む

領収書に貼る印紙の金額

領収書に記載された受取金額	印紙税額	非課税のもの
100万円以下	200円	①記載された受取金額が5万円未満のもの※
200万円以下	400円	②営業に関しないもの
300万円以下	600円	③有価証券、預貯金証書など特定の文書に追記した受取書
500万円以下	1,000円	
1,000万円以下	2,000円	
2,000万円以下	4,000円	
3,000万円以下	6,000円	
5,000万円以下	1万円	
（以下省略）		

※ 平成26年4月1日以降作成された領収書から

②代金を数回に分けて受領したものを1枚の領収書で済ます

5万円×10回で200円の印紙10枚がいるところを、50万円を1枚で切ると印紙200円1枚で収めることができます。

③領収書を発行しない

この領収書そのものを作らないという方法ですが、それには銀行振込を活用するのです。

売掛代金については振込による回収とします。

この場合、お客様の手元に残る振込依頼書が領収書のかわりになることをお客様に了承していただきます。

印紙が節約できる上に、こちらで領収書を作成する手間が省け一石二鳥です。

仮に５００万円の売上代金について領収書を発行すると１０００円の印紙がかかります。これを振込にしてもらって、領収書を発行しなければ、印紙税は不要になります。

ただし、お客様には振込手数料がかかりますので、先方が振込手数料差引で振り込んでくる場合があります。それでも通常振込手数料のほうが印紙税より安くなるのです。

第5章

事業に専念するための「手抜き」教えます

すべてのことを自分でやらなければならない個人事業者ですから、時間と労力は効率的に使いましょう。「手抜き」とは、本業に集中し、売上をあげるための知恵のことです。

1 源泉所得税は、年2回払で済ませましょう

■毎月の納付は煩雑かつ払い忘れのリスクがあります

青色事業専従者や従業員の給料は毎月25日など月末に支払う事業所が多いと思います。この給料や賞与を支払う際に、事業主は源泉所得税を差し引き、預からなければなりません。預かった源泉所得税は、預かった月の翌月10日（土曜・日曜・祝日の場合は翌日）までに「給与所得・退職所得等の所得税徴収高計算書」に記載して最寄りの金融機関で納める必要があります。

しかしこの毎月の源泉所得税ですが、うっかり納めるのを忘れてしまうことがあります。源泉所得税は、納付期限までに納めないと「不納付加算税」と「延滞税」という二つの罰金が課せられます。1日でも遅れると罰金を払わなければなりません。

具体例を挙げながら説明することにいたしましょう。

青色事業専従者の坂本裕美さんと従業員の黒木美雄さんに7月10日に夏期賞与、7月25日に7月分の給料を払ったとすると、次のようになります。

●7月分給与内訳
坂本裕美…月額27万円　源泉所得税　7280円
黒木美雄…月額28万円　源泉所得税　7610円
［計］55万円　1万4890円

●夏期賞与内訳
坂本裕美…賞与30万円　源泉所得税1万8378円
黒木美雄…賞与45万円　源泉所得税2万7567円
［計］75万円　4万5945円

【合計納付額】　6万835円

以上を「給与所得・退職所得等の所得税徴収高計算書」に記入したものが157ページの例です。この税金を払い忘れてしまうと、「不納付加算税」と「延滞税」が課せられるわけですが、それぞれ原則として、次のようにして計算します。

●不納付加算税…・本税（預かった税金）の10%。ただし、納税の告知を受けることなく、自発的に納付した場合で、税務調査を予知したものでないときは5％（なお、過去1年間に納税の告知を受けたことがなく、かつ期限後納付の事実もない場合で、申告期限から1カ月以内に自発的に納付した場合には、不納付加算税は課税されません）

●延滞税…納期限の翌日から2カ月を経過する日まで本税の年7・3％（1日あたり、1万円につき2円。現在は、年7・3％または特例基準割合に1％を加えた率のうち低いほうの率を適用します。令和6年は2・4％です）、2カ月を経過後は、納付の日まで本税の年14・6％（1日あたり、1万円につき4円。現在は年14・6％または特例基準割合に7・3％を加えた率のうちの低い方を採用します）

さらに、以下の条件に基づいて実際の金額が算出されます。

●税額が1万円未満であるときには不納付加算税・延滞税の対象となりません
●税額に1万円未満の端数があるときには、その端数を切捨てて計算します
●不納付加算税が5000円未満のときは、全額切捨てます
●延滞税が1000円未満のときは、全額切捨てます
●不納付加算税・延滞税に100円未満の端数があるときは、切捨てます

例に挙げた源泉所得税の納付期限は、8月10日です。もし納付期限に納付を忘れて8月31日に納付した場合には、次の罰金が課せられます。

「給与所得・退職所得等の所得税徴収高計算書」の記入例

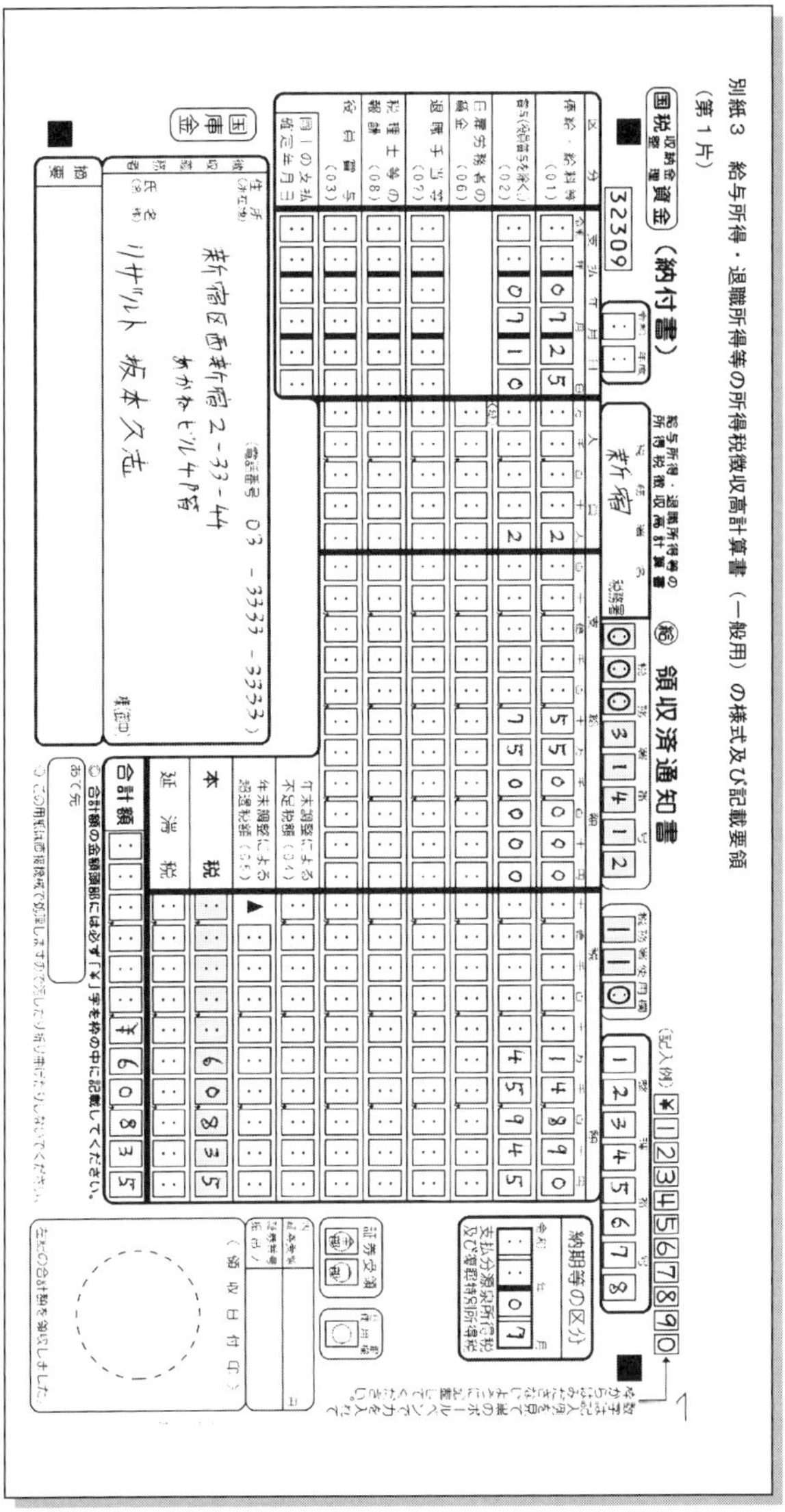
別紙３　給与所得・退職所得等の所得税徴収高計算書（一般用）の様式及び記載要領
（第１片）

国税 収納金整理資金（納付書）　給与所得・退職所得等の所得税徴収高計算書　㊓ 領収済通知書

（記入例）¥1234567890 ← 数字は記入例を見て黒のボールペンで力を入れて枠からはみださないように記載してください。

32309　税務署名 新宿 税務署　税務署番号 00031412　税務署使用欄 110　整理番号 12345678

区分	支払年月日	人員	支給額	税額
俸給・給料等 (01)	0725	2	550000	14890
賞与（役員賞与を除く。）(02)	0710	2	750000	45945
日雇労務者の賃金 (06)				
退職手当等 (07)				
税理士等の報酬 (08)				
役員賞与 (03)				
同一の支払確定年月日				

	税額
年末調整による不足税額 (04)	
年末調整による超過税額 (05)	▲
本税	60835
延滞税	
合計額	¥60835

◎ 合計額の金額頭部には必ず「¥」字を枠の中に記載してください。

納期等の区分　令和　年　月 07　支払分源泉所得税及び復興特別所得税

国庫金
徴収義務者　住所（所在地）新宿区西新宿2-33-44 あかねビル4階　（電話番号 03 - 3333 - 3333）
氏名（名称）リザルト 坂本久志

摘要

あて先

◎ この用紙は直接機械で処理しますので汚したり折り曲げたりしないでください。

証券受領

（領収日付印）

左記の合計額を領収しました。

●不納付加算税…本税6万円（1万円未満切捨て）×10％＝6000円
●延滞税…本税6万円（1万円未満切捨て）×7・3％÷365日×20日
＝0円（1000円未満切捨て）

このようにうっかり忘れただけで余分な税金を払うことになります。

■「納期の特例」の手続で年2回払が可能です

前置きが長くなりましたが、このように余分な罰金を避けるためと、毎月の銀行での納付の手間を省略するため、源泉所得税の納付を年2回にまとめる制度があります。この手続を一般的には「納期の特例」と言います。

この特例を受けるための届出書を「源泉所得税の納期の特例の承認に関する申請書」と言います（47ページ）。名称が長くて面倒な書類のように思われますが、記載箇所は少なく簡単な書類です。国税庁のホームページからダウンロードして、手に入れられます（http://www.nta.go.jp）。

この納期の特例を受けた場合、原則、1回目は、7月10日（土曜・日曜・祝日の場合は翌日）までに、1月〜6月までに預かった源泉所得税の金額をまとめて納めます。

そして、2回目は1月20日（土曜・日曜・祝日の場合は翌日）までに、7月～12月の間に預かった源泉所得税（年末調整還付後）の金額を納めます。

先ほどの例に基づき納付額を計算してみましょう。

●7月10日納付額（1～6月分）
給与支給額55万円×6カ月＝330万円　税額1万4890円×6カ月＝8万9340円

●1月20日納付額（7～12月分）
給与支給額55万円×6カ月＝330万円　税額1万4890円×6カ月＝8万9340円
夏季賞与支給額75万円　税額4万5945円
冬季賞与支給額75万円　税額4万5945円
年末調整還付金額2名分　3930円
差引納付額18万5160円

これを「給与所得・退職所得等の所得税徴収高計算書」へ記入したのが162ページの例です。

■10人未満の事業所なら迷わず申請してください

この「納期の特例」で納付するにあたっての注意事項を挙げます。

①適用対象事業所は、常時雇用人数（青色専従者・従業員数）が10人未満の事業所です。

②弁護士、税理士、司法書士等の報酬にかかる源泉所得税は、「納期特例」の対象ですが、デザイン料や原稿料等、その他にかかる源泉所得税は対象となりません。

③年の途中で届出書を提出した場合は、提出した翌々月納付分から適用されます。

例えば2月2日に届出書を提出した場合、2月25日給与支払時に預かった源泉所得税は、3月10日が納付期限となります。3月25日給与支払分以降から「納期特例」の適用となります。

④「納期特例」納付期限（7月10日・1月20日）を過ぎて納付した場合は、「不納付加算税」と「延滞税」が課されます。それに加えて「納期特例」取消の処分を受ける場合があります。取消の処分を受けると毎月10日が納付期限となります。

このように源泉所得税は原則毎月納めなければなりませんが、所定の手続で年2回の納付で済ませることができます。ぜひ省力化の一つとして検討してみてください。

■電子納税による納付

e-Taxを導入している場合、インターネットで源泉所得税を電子納付することができます。電子納付には、インターネットバンキング（Pay-easy）による納付と、ダイレクト納付の2種類があります。

①インターネットバンキングによる納付

e-Taxで「給与所得・退職所得等の所得税徴収高計算書」を作成・送信した後、インターネットバンキングにログインをし、納付を行う方法です。

②ダイレクト納付

e-Taxで「給与所得・退職所得等の所得税徴収高計算書」を作成・送信する点は①と同じですが、1カ月前までに「国税ダイレクト方式電子納税依頼書兼国税ダイレクト方式電子納税届出書」を税務署へ書面で提出し、振替を行う預金口座を指定しておく必要があります。なお、ダイレクト納付による場合、事前届出の預金口座からの振替のため、インターネットバンキングの契約が不要となります。

「納期の特例」を受けたときの「所得税徴収高計算書」記入例

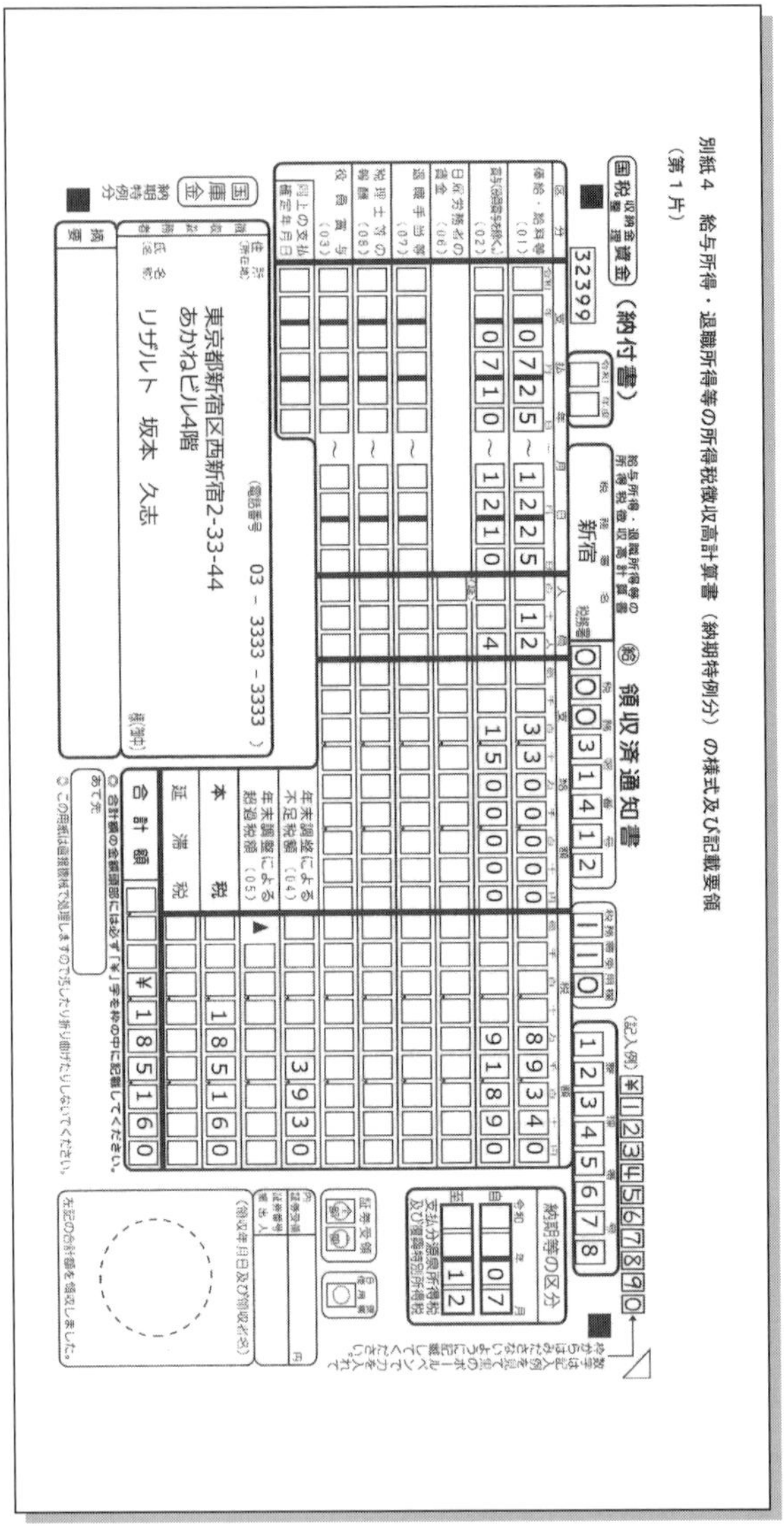

別紙4　給与所得・退職所得等の所得税徴収高計算書（納期特例分）の様式及び記載要領

（第1片）

国税 収納金整理資金（納付書）32399

給与所得・退職所得等の所得税徴収高計算書　税務署名 新宿

領収済通知書

納期等の区分　自 令和07年07月　至 12月

区分	年度	支給年月日	人員	支給額	税額
俸給・給料等（01）	07	0725～1225	12	3300000	89340
給与（役員賞与を除く）（02）	07	0710～1210	4	1500000	91890
日雇労務者の賃金（06）					
退職手当等（07）		～			
税理士等の報酬（08）		～			
役員賞与（03）		～			
年末調整による不足税額（04）					
年末調整による超過税額（05）					▲3930
本税					185160
延滞税					
合計額					¥185160

住所（所在地）東京都新宿区西新宿2-33-44　あかねビル4階　（電話番号 03 － 3333 － 3333）

氏名（名称）リザルト　坂本　久志

2

たな卸は手間と時間のかからない評価方法を選びましょう

■年末時の商品・原材料の把握が「たな卸」です

期末の決算では、

（期首商品たな卸高）＋（当期商品仕入高）－（期末商品たな卸高）

という計算によって売上原価を算出します。

この「期末商品たな卸高」ですが、正しい利益を計算するためには期中で仕入れた商品や原材料が12月31日現在で倉庫や店舗に何個残っているのかを、種類ごとに把握する必要があるわけです。これを「たな卸」と言います。

「たな卸」は、12月31日にしなければならないわけではありません。12月28日が仕事納めであれば12月28日の仕事が終わった時点の数量を把握します。

しかし、仮に12月29日に顧客の注文を受けて、たな卸後に商品を販売した場合は、12月28日の数量から販売した個数を差引いた数量が「期末たな卸数量」になります。

たな卸した資産は評価し金額に換算する必要があります

「たな卸」によって種類ごとに数量を把握した商品や原材料を評価して金額に換算することを「たな卸資産の評価」と言います。

評価したたな卸資産の金額を「期末たな卸高」と言います。

たな卸資産の評価方法は、「原価法」と「低価法」の2種類の方法に大別され、「原価法」はさらに次ページの六つの方法に分けられます。

「低価法」とは六つの原価法のうちいずれかの方法によって計算された「期末たな卸高」と、期末において同じ商品を仕入れるとした場合の価額（再取得時価）を比べて、いずれか低いほうの価額を「期末たな卸高」とする方法です。比較は、種類ごとに行うのが原則です。

資産の評価方法が選択できます

開業した年の申告でたな卸資産の評価方法を選択するためには、翌年の確定申告期限までに「所得税のたな卸資産の評価方法・減価償却資産の償却方法の届出書」に採用する評価方法を記載して所轄の税務署に提出する必要があります（47ページ）。

評価方法の変更をする場合には、変更しようとする年の3月15日までに採用する評価方法を記載して所轄の税務署に提出する必要があります。一度採用した評価方法は、3年間変更する

たな卸資産の評価方法

代表的な原価法

たな卸資産の評価方法	解説
最終仕入原価法	最後に仕入れたときの単価をその商品や原材料の単価と定める方法。 評価額＝年末たな卸数量×年末最後の仕入時の単価
売価還元法	「たな卸」で把握した数量に販売単価を掛けた金額に原価率を掛けた結果を評価額とする方法。原価率が同じであれば種類が異なる商品でも一括して計算ができる。 原価率＝ $\frac{\text{年初在庫価額（初年度は無し）＋年の仕入高合計}}{\text{年の売上高合計＋年末在庫の販売価額合計}}$ 評価額＝「たな卸」数量の販売価額合計×原価率
総平均法	商品や原材料の種類ごとにすべての平均単価を計算する方法。 平均単価＝ $\frac{\text{年初在庫高（初年度は無し）+年の仕入高合計}}{\text{年初在庫数量（初年度は無し）+年の仕入数量}}$ 評価額＝　年末たな卸数量×平均単価
個別法	在庫商品や原材料の個々の仕入れ金額を評価額とする方法。 評価額＝11月○△日の仕入額+12月○○日の仕入額＋……

その他の原価法

たな卸資産の評価方法	解説
先入先出法	先に仕入れたものから、先に出荷したと仮定した単価に数量を掛けて計算する方法。
移動平均法	商品を仕入れるつど、仕入金額を在庫金額に合計し、合計金額を合計数量で割った金額を平均単価とする。期末に最も近い日の平均単価を期末数量に掛けて計算する方法。

ことはできません。なお「所得税のたな卸資産の評価方法・減価償却資産の償却方法の届出書」を所轄の税務署に提出しない場合は、「最終仕入原価法」を採用して「期末たな卸高」を計算することになります。

■期末たな卸高明細表を作成しましょう

年末等に実施したたな卸の数量、単価を記載し、採用した評価方法で計算した金額は表（期末たな卸高明細表）にしてまとめておきましょう。

■手間と時間のかからない評価方法を選ぶのがポイントです

このようにたな卸資産の評価方法にはさまざまなものがあります。以下の点を参考にしながら取り扱っている商品の特徴を考慮して、時間と人手のかからない方法を選択しましょう。

①一般的な方法…最終仕入原価法（最も多くの事業所が選択している方法です）

②取扱商品の種類が多い業種…売価還元法、総平均法（書店、食料品店、雑貨店等の業種に最適な方法です）

「期末たな卸高明細表」の記載例

年12月31日現在　　評価方法：売価還元法　単位(円)

商品番号	数量	売価(1ダース)	原価率	税込価格
#01234	5ダース(60)	1,620	66.6%	5,395
#01235	3ダース(36)	3,240	62.5%	6,075
#01236	1ダース(12)	4,860	62.5%	3,038
#01237	4ダース(48)	6,480	64.5%	16,718
合　計	13ダース(156)			31,226

③商品1個あたりの原価が高額で在庫数が少ない業種…個別法(高価で品数の少ない商品を扱う業種に向いています)

④インフレ時の節税対策に有効な方法…最終仕入原価法

⑤デフレ時の節税対策に有効な方法…先入先出法

⑥計算が煩雑で実務向きではない方法…移動平均法(相場の変動の著しい商品を扱う業種に向いている方法です。最近はコンピュータの使用で計算の煩雑さも解消されています)

3 消費税は簡易課税を選択しましょう

■課税売上高が5000万円以下が選択の条件です

消費税の納税義務者は、基準年度の課税売上高が1000万円を超える事業者および「課税事業者選択届出書」を提出している事業者です（50、111ページ）。

消費税を納めるとき、簡易課税方式を選択して計算すると節税になる場合があることは、すでに説明しました（139ページ）。同時にこれは、作業の効率化にもつながります。

簡易課税制度を選択できる事業者は、基準年度の課税売上高が5000万円以下で、制度を選択しようとする事業年度の開始する日の前日までに「簡易課税選択届出書」を所轄の税務署に提出している事業者です（52、139ページ）。なお、消費税法の一部が改正され、平成22年4月1日以後に次の①、②のいずれにも該当する事業者は、免税事業者となることや、簡易課税制度を適用して申告することが一定期間制限されることとなりました。

①「課税事業者選択届出書」を提出し、平成22年4月1日以後開始する課税期間から課税事業者となる場合

②課税事業者となった課税期間から2年を経過するまでの間に調整対象固定資産の課税仕入れを行って、その課税期間の消費税の確定申告を一般課税で行う場合

①、②に該当する場合には、調整対象固定資産の課税仕入れを行った日の課税期間から原則として3年間は、一般課税により消費税の確定申告をすることになります（簡易課税制度を適用して申告したり、免税事業者となることはできません）。調整対象固定資産とは、棚卸資産以外の資産で、建物及びその付属設備、構築物、機械装置、工具、器具備品などの資産で、消費税等に相当する金額を除いた金額が100万円以上のものが該当します。

また、さらなる税制改正によって制限が加わり、一般課税の事業者が平成28年4月1日以後に高額特定資産（一の取引単位につき、税抜金額が1000万円以上の棚卸資産・調整対象固定資産）の仕入等を行った場合には、その仕入を行った日の課税期間から原則として3年間は一般課税により申告しなければなりません（簡易課税制度の適用はできず、また免税事業者となることができません）。

■消費税の帳簿づけの手間が大幅に緩和されます

一般課税で消費税を計算する場合は、取引ごとに本体価格と消費税を分けて集計します。預かった消費税を「仮受消費税」、支払った消費税を「仮払消費税」という科目で伝票や出納帳に記帳します。したがって記載するボリュームは免税事業者の約2倍になります。

仕入税額控除を計算するためには、商品を購入した際に「お品代」と記載してある領収証を

受取り、その商品の内容を課税商品と非課税商品（例えばビールと贈答用ビール券）に区分して記帳しなければなりません。摘要欄には相手方の「氏名または名称」を記帳します。住所、電話番号等で相手方が特定できる場合は、屋号の記帳でもよいとされています。

これに対して簡易課税は帳簿を記帳するときに本体価格と消費税を分けて記帳する必要がありません。消費税計算の時間は一般課税の10分の1いや100分の1かもしれません。

本業に時間を集中させたいのであれば、一般課税と簡易課税の消費税の差がない、または多少一般課税より簡易課税の消費税が高くても、時間をお金で買うという発想でいきましょう。迷わず簡易課税の選択をお勧めします。

付け加えるならば、一般課税を選択し、自分で計算できなければ税理士さんなどの専門家に依頼することになるでしょう。税理士さんの報酬も簡易課税だと多少安くなります。

■一般課税のほうが節税上有利なこともあります

簡易課税制度は、一度選択すると2年間継続して採用しなければなりません。

高額な設備投資がある場合や大幅な経費増のときには一般課税のほうが消費税が少ない場合もありますので選択は慎重に判断してください。

また採用2年目の基準年度の課税売上高が5000万円を超える場合は、適用2年目であっても一般課税制度を採用して消費税を計算することになります。今後の設備投資計画と照らし合わせる必要が生じてくるので、選択にあたっては慎重に検討することをお勧めします。

4 売掛代金は集金よりも振込回収にしましょう

■銀行振込は手間もリスクもかからない回収法です

昔の商店は、日頃はツケで販売し、月末に集金に行くというような販売方法をとっていました。しかしその後、近代的販売方法と集金方法が急速に発展していきます。インターネット販売やネット振込などです。長期の掛け売りなどをすることは少なくなりました。

この売上代金の回収方法ですが、ビジネス上はいろいろな商慣習があります。

現金販売・掛け売り月末現金集金回収・掛け売り小切手集金回収・掛け売り手形集金回収・掛け売り振込回収などです。現金販売が一番いいことは言うまでもないのですが、お得意先との力関係もあるでしょうからこちらの都合を押し通すことはできないでしょう。

売上代金回収に一番重要なことは以下のことです。

①商品販売から代金回収までの時間が短いこと

②代金に貸し倒れが生じないこと
③代金回収に盗難や紛失などの事故が起きないこと
④代金回収に人件費等の回収コストがかからないこと
⑤代金回収の記録を残すこと

①と②は相関関係があります。限りなく商品販売と代金回収の日が近ければ貸し倒れが少なくなることは言うまでもありません。

これらの条件を最大限満たすのが銀行振込での回収です。これまでの小切手や手形による回収も手形落ちまでの期間の金利分を割引きするなどという方法で早期振込回収に変えていきましょう。

集金にお得意先に伺っていたのでは人手と時間がかかります。振込手数料をこちら負担にしても回収にかかる時間・人件費・交通費・印紙代等考えれば安いものです。

また集金の間の事故や盗難の恐れもありません。安全・省力化・コスト削減等の効果から銀行振込による回収が最善と言えます。

さらに普通預金に振り込まれた記録は得意先名の記載があり、そのまま売掛金の回収記録となります。一石二鳥どころか三鳥四鳥のいいことずくめなのです。

振込回収と手形回収の仕訳例

振込料を差引かれて普通通預金に入金した場合の仕訳

● 売上高110,000円を請求したときの仕訳

12月16日

売掛金　110,000円	売上　110,000円

● 振込料880円を差引かれて回収した場合の仕訳

1月31日

普通預金　109,120円		売掛金　110,000円
支払手数料　880円		

手形取引を振込とした場合の仕訳

● 売上高110,000円を請求したときの仕訳

12月16日

売掛金　110,000円	売上　110,000円

● 手形回収した場合の仕訳

1月31日

受取手形　110,000円	売掛金　110,000円

● 振込料880円と割引料1,000円（金利分）を差引かれて回収した場合の仕訳

1月31日

普通預金　108,120円	売取手形　110,000円
売上値引料　1,000円	
支払手数料　880円	

5 現金売上もすべて普通預金に入金しましょう

■現金出納帳への記入が少なくなります

現金商売の場合、通常、現金売上を現金出納帳に入金記帳し、経費を現金出納帳から支払う方法をとります。

ところが、入出金取引を日々記帳することは正直なところなかなか大変なことです。また売上代金などの現金が事業所の中に多額にあることは防犯上も問題です。

そこで普通預金通帳（預金出納帳）に現金出納帳の役割を分担してもらう方法をとりましょう。

1日の売上を1円単位まですべて普通預金に入金します。毎日毎日入金します。土曜日曜などども月曜日に日別に入金します。

入金したら普通預金通帳の印字された金額の横に「10日売上」とメモ書きしておけば後で集計するときに効率的です。

経費の支払も極力自動引き落としにし、大口は普通預金から直接振込払にします。現金払い

現金出納帳に売上等の入出金を記載している場合

現金出納帳　売上入金・経費支払あり

日付	摘要	入金	出金	残高
12/1	前月繰越			56,800
12/5	電気料		12,500	44,300
12/8	リース料		8,200	36,100
12/10	現金売上	143,000		179,100
12/10	普通預金より	15,000		194,100
12/11	現金売上	154,000		348,100
12/13	現金仕入		88,000	260,100
12/15	現金売上	220,000		480,100
12/15	水道料		3,200	476,900
12/16	交通費12/1～15 (電車・タクシー代)		8,260	468,640
12/18	現金売上	60,500		529,140
12/28	新聞代		6,700	522,440
12/30	交通費12/16～29 (電車・タクシー代)		4,280	518,160

普通預金通帳　売上入金・経費支払なし

日付	摘要	出金	入金	残高
12/1	前月繰越			85,600
12/10	現金出納帳へ	15,000		70,600

普通預金に売上等を入れた場合

現金出納帳　売上入金なし経費支払あり

日付	摘要	入金	出金	残高
12/1	前月繰越			56,800
12/10	普通預金より	15,000		71,800
12/16	交通費12/1～15 (電車・タクシー代)		8,260	63,540
12/28	新聞代		6,700	56,840
12/30	交通費12/16～29 (電車・タクシー代)		4,280	52,560

普通預金通帳　売上入金・経費支払あり

日付	摘要	出金	入金	残高
12/1	前月繰越			85,600
12/5	電気料	12,500		73,100
12/8	リース料	8,200		64,900
12/10	現金出納帳へ	15,000		49,900
12/11	売上12/10分		143,000	192,900
12/12	売上12/11分		154,000	346,900
12/12	仕入12/13分	88,000		258,900
12/15	水道料	3,200		255,700
12/16	売上12/15分		220,000	475,700
12/19	売上12/18分		60,500	536,200

は最低限の小口現金を事業所に置くようにします。
175、176ページで、現金出納帳に売上等の入出金を記載している場合と、普通預金に売上等を入れた場合とを比較した例を紹介しています。
普通預金に売上等を入れると、現金出納帳が大変すっきりすることに気づいてもらえると思います。

こうすることによって、必要最低限の出費だけ残し、あとは普通預金通帳に記載されます。銀行があなたの事業の帳簿を一部作ってくれるようなものです。

普通預金をうまく利用して手間を省きましょう。

6 経費の支払は自動振替支払制度を利用しましょう

■窓口に行くより大幅に時間を節約できます

日々の経費の支払は通常小口現金で管理します。しかし家賃、水道代、電気代、電話代、新聞代など毎月、定期的に発生する支払を銀行窓口やコンビニへ行って支払手続を行うのは非効率です。

このような経費の支払も、支払先に「自動引き落とし」の制度があるならば、極力普通預金からの「自動引き落とし」にしましょう。

また「自動引き落とし」の制度がなくても「自動振替支払制度」を利用することをお勧めします。「自動振替支払制度」はこちらの手数料負担で普通預金から定時に定額を振り込む制度です。それでも銀行までの交通費、行く時間、銀行で待つ時間、帰ってくる時間の無駄を考えると合理的な方法と言えます。

間接業務には極力時間をかけず、本業の営業に時間を費やしてください。

■自動引き落としを利用しましょう

支払先の手数料負担でこちらの普通預金から引き落とす制度です。代表的なものが電気代や水道代などです。しかし公共料金以外でもこの制度を使っている会社が意外と多いものです。新聞代、事務用品代、雑誌の定期購読代、税理士の顧問料までこの制度が使えます。経費の支払先に問い合わせてみてください。

■定額自動振替サービスを利用しましょう

家賃などのように毎月同じ日に定額の金額の支払を行う場合は、自動振替手続を利用することをお勧めします。手数料はこちら負担ですが支払を忘れたり振込の手間がかかったりすることを考えれば安いものです。

■総合振込サービスを利用しましょう

仕入先などへの支払には「総合振込サービス」を利用することをお勧めします。

金融機関に取引先の名称、振込先金融機関、支店名、口座番号を事前に登録します。毎月、金融機関から取引先の登録した情報が印字された専用用紙が送られてきます。専用用紙に支払金額を記入して窓口で手続できます。手数料を多少値引く金融機関もあるようです。

■インターネットバンキングを利用しましょう

パソコンを利用して支払を行うことができます。この制度の利用が加速度的に増えています。自宅、事務所や店舗から振込手続、預金残高の確認、資金移動が瞬時にでき大変便利です。金融機関の手数料も格段に安く、最大の長所は金融機関に行くことなく振込や残高照会ができることです。

しかし、ネット取引の気軽さは反面危険も伴います。パスワードの管理などセキュリティーを万全にすると同時に、事業所内での決済制度もしっかり確立しましょう。

■キャッシュレス決済を活用しましょう

クレジットカードや電子マネー・モバイルコードなどのキャッシュレス決済は小口経費の支払に便利です。おおいに活用しましょう。ただし関係法令の規定により、必ず取引明細の書面出力及び明細データへのアクセス・ダウンロードがすぐにできるようにしておいてください。

7 仕入代金はすべて振込支払にしましょう

自動振込サービスで事務手続を効率化しましょう

仕入代金は経費とは異なり金額も大きく、商慣習に従って「月末締めの翌月末払い」などというように支払条件が定められています。通常、仕入は納品時に納品書があり、その納品書を締め日でまとめて集計し請求書が作成されます。その請求代金は現金払、小切手払、手形払、振込払など支払条件も取引開始時に取り決められます。

仕入代金が現金払であった昔は、仕入代金をわざわざ銀行までおろしに行き用意します。仕入先との約束の時間に事業所で待ちます。仕入先が来て現金の確認をして領収書を切り、さらに世間話が始まります。仕入先との交流が悪いわけではありません。

今では、時間の効率利用のため、金融機関の「自動振込サービス」が普及しました。

パソコンを利用した「インターネットバンキング」も今では当たり前に使用されています。銀行窓口へ行かずに事務所や自宅から支払手続きができます。月末などは窓口が混雑し貴重な時間を無駄にしてしまいます。事務手続は効率よくこなしたいものです。

■振込手数料の扱いに注意してください

仕入代金支払時の振込手数料は差引いて支払うことが一般的です。仕入先の集金経費は先方負担といったところでしょうか。ただし取引条件によっては最初から振込手数料は支払う側負担のときもあります。特に少額な代金だと手数料倒れしてしまうこともあるからです。いずれにしても仕入先とこちらの力関係によるところです。

■振込の控えを領収証にしてもらいます

振込支払したときには領収証にかえて「振込の控え」を領収証として保存するのが一般的です。あらためて領収書を作成すると印紙代もかかりますし、領収書を郵送する切手代などもかかります。当初の取引開始時に話し合って「振込の控え」を領収書にかえることを決めておきましょう。その分だけ安くよい品質の商品を入れてもらえばいいのです。

なお、インボイスを必要とするなら発行してもらえるかどうかを先方に確認するようにしてください（125ページ）。ただし、店舗家賃のような一定期間にわたって定期的に同額を支払うような支出の場合は、インボイスではなく「契約書＋振込控え（または通帳の記録）」で代替とできるケースもあります。詳細は国税庁のQ＆Aか税理士などに確認してください。

8 小切手・手形を使わずに取引してください

■小切手・手形は時代遅れです

小切手や手形（受取手形・支払手形）は、代金決済の近代的方法として長い間商取引のスタンダードでした。小切手は金額や所定の事項を記載したもので、受け取った者は銀行を通して現金に換えます。現金より安全な決済手段ですが、銀行で現金にするまで時間がかかる難点がありました。

約束手形はさらに現金化の期日を指定して、数カ月後に現金化を約したものです。これも盗難や紛失に対しては安心ですが、現金化まで時間がかかることや、期日前に振り出した事業者が倒産した場合、不渡り手形となるリスクもあります。

近年の代金決済は小切手や手形取引から銀行振込に変わりつつあります。むしろもうすでに変わったと言ってもいいでしょう。現代のビジネスはスピードが勝負です。小切手や手形はスピードに乗り遅れた過去の遺物かもしれません。小切手も手形も金融機関との取引がある程度長期に継続し、信用があると金融機関が判断した場合のみ金融機関が用紙を交付してくれます。こんな手続の煩雑さも小切手や手形の衰退を早めているのかもしれません。

■小切手・手形にはコストとリスクがつきものです

実際、小切手や手形のデメリットとして、次のようなものが挙げられます。

①作成に時間がかかる

所定の用紙に金額振出日等所定の事項を記載し、支払相手先の枚数を作成しなければなりません。

②手渡しで渡す

現金にかわる手段ですが、用紙を手渡しすることは変わりません(郵送も可能ですが貴重品扱いで費用がかかります)。

③印紙代がかかる

手形は記載金額に応じ用紙に印紙を貼らなければなりません。

④代金決済に時間がかかる

小切手・手形とも銀行が作っている交換所を通して決済するため受取者がもらってから現金

化するまでに時間がかかります。

⑤帳簿が複雑になる

小切手取引・手形取引は当座取引と呼ばれ、当座預金帳を作ることになります。普通預金と同じ預金取引がもう一つ作られるということです。また、手形は受取手形、支払手形と区分して期日まで管理する帳簿が必要となります。

このように考えると、小切手も手形も使用せず、代金支払も受取も普通預金帳一冊で行えば、これが取引が単純で省力化に優れ、安全性にも流動性にも優れた決済方法であることがわかるでしょう。

特に総務や経理に時間をかけたくない独立したての事業者はなおさらです。

もし取引相手が手形取引を望むのでしたら、手形の決済日までの期間の利息を値引きするなどの方法で早期回収を交渉しましょう。また支払もなるべく早く支払うことで取引条件を有利にすることができるでしょう。

9 消費税は税込処理で統一しましょう

■税抜処理だと作業量が倍になります

通常消費税を含んだ取引の処理のしかたは「税抜処理」と「税込処理」の二つの方法で経理処理されます。税抜処理で帳簿に記載した場合「仮払消費税」「仮受消費税」という勘定科目を使って処理します。

「税抜処理」「税込処理」の実際を、次ページの現金出納帳への記載例で確認してみましょう。「税抜処理」のほうが「税込処理」より帳簿に記載する分量が税込処理の倍になっていることがわかると思います。

省力化のため日頃は「税込処理」で、決算時に消費税を区分する「税抜処理」でという方法をとりましょう。

消費税は税込処理のほうが効率的

税抜処理

現金出納帳

日付	摘要	入金	出金	残高
12/1	前月より繰越			350,450
12/5	電気料		23,600	
12/5	仮払消費税		2,360	324,490
12/10	(株)ウェイブ売上	200,000		
12/10	仮受消費税	20,000		544,490
12/12	仕入代金支払MEC		100,000	
12/12	仮払消費税		10,000	434,490
12/15	水道料金		14,500	
12/15	仮払消費税		1,450	418,540

税込処理

現金出納帳

日付	摘要	入金	出金	残高
12/1	前月より繰越			350,450
12/5	課/電気料		25,960	324,490
12/10	課/(株)ウェイブ売上	220,000		544,490
12/12	課/仕入代金支払MEC		110,000	434,490
12/15	課/水道料金		15,950	418,540

■「課税」「非課税」「不課税」の区分は忘れずに

ただ「税込処理」で行う場合にもいくつか注意点があります。

帳簿に税込金額を記載する場合、取引を「課税」「非課税」「不課税」に区分することが大切です（115〜118ページ）。

費用の勘定科目の横に「課税取引」は無印や「課」、「非課税取引」は「非」、「不課税取引」は「不」と手書きで記載して区分しましょう。消費税の申告時に便利です。

なお商品を購入して「お品代」と記載してある領収証を受取ったとき、その商品の内容が課税商品（ビール）と非課税商品（ビール券）である場合は、同じ支払でも課税・非課税の区分をして記帳することが必要です。

10 納税は自動振替にしましょう

■自動引き落としなら払い忘れによる罰金も防げます

個人事業者は、毎年、3月15日の提出期限までに、確定申告書を提出しなければなりません。同時に確定申告で計算された税額を納税する必要があります。

納税は原則として税務署で支払うことはなく、税務署に出張所を設けている金融機関または銀行等で支払います。納税は現金納付が原則ですから通常銀行から引き出してその場で支払うことになります。ちなみにこの納税には確定申告時に半金、そして5月31日までに半金と、分割して払う延納制度があります【関連⬇247ページ】。

また、翌年の税金の先払となる予定納税では、7月31日と11月30日までに、その年の確定申告の税金の3分の1をそれぞれ支払わなければなりません。加えて、確定申告で確定した住民税は6月・8月・10月・翌年1月と4回払いとなります。その他、事業税や消費税、固定資産税など、数えていくと税金を払うために金融機関に行く回数は毎月1回では収まりません。時間がとられるだけでなく、うっかり忘れると罰金までかかることになります。

そこで、税金は可能な限り普通預金の通帳から自動的に引き落とされる「振替納税」の制度を利用しましょう。固定資産税など一部対応していない税金や対応できない市町村がありますが、ほとんどの税金は国をはじめとして各都道府県や市町村でも対応しています。振替納税を積極的に活用して、銀行へ行く回数を極力少なくすることが、効率的な経営のコツです。

■振替納税手続をしましょう

振替納税制度とは、税務署及び金融機関に備えてある「納付書送付依頼書」(国税庁ホームページからダウンロードできます) という用紙に必要事項を記入し、税務署に提出します。住民税は別に用紙があります。ここでは所得税・消費税の申請書を紹介します。

例えば、所得税は3月15日の確定申告の提出期限が納税の期限になっています。

しかし、振替納税の手続をとると実際に普通預金から引き落とされる日は、4月15日前後(毎年4月中旬だが国の都合で異なる) となります。約1カ月利息なしで後払になるわけです。

参考まで所得税と消費税の申告期限・現金納税期限・振替納税日を192ページに掲げました。

■残高の確認は定期的に行ってください

振替納税制度は一度手続をすると次回以降の納税も振替納税できますが、選択していた預貯金口座を変更する場合は、改めて手続が必要となります。

「納付書送付依頼書」の記入例

（金融機関経由印）

納付書送付依頼書

上尾　税務署長　あて

氏名　坂本　久志

私が納付する

- 申告所得税及復興特別所得税（1期分、2期分、確定申告分（期限内申告分）、延納分）
- 消費税及地方消費税　（中間申告分、確定申告分（期限内申告分））

ご利用にならない税目については、二重線で抹消してください。この場合の訂正印は不要です。

について、

令和　年　3月　15日以降納期が到来するものを、口座振替により納付したいので、納付税額等必要な事項を記載した納付書は、指定した金融機関あて送付してください。

※税務署整理欄	整理番号		金融機関番号	
	振替区分		入力日付	
			送付日付	

預貯金口座振替依頼書

令和　年　3月　10日

金融機関名

新宿　（銀行）・信用金庫・労働金庫・信用組合・漁協・農協　西新宿　（本店）・支店・本所・支所・出張所・　御中

あなたの住所	（〒　363－0000　）　電話　042（　111　）1111 埼玉県桶川市春日1-22-33
	（申告納税地）
氏名	（フリガナ）サカモト　ヒサシ 坂本　久志
（金融機関お届け印）	坂本

銀行等（ゆうちょ銀行以外）	預金の種類	（1普通）　2当座　3納税準備						
	口座番号	1	2	3	4	5	6	7
ゆうちょ銀行	記号番号	1				0		

金融機関使用欄

税務署から私名義の納付書が貴店（組合）に送付されたときは、私名義の上記の預貯金から次のとおり口座振替により納付することとしたいので、下記約定を承認の上依頼します。

1　対象税目

- 申告所得税及復興特別所得税（1期分、2期分、確定申告分（期限内申告分）、延納分）
- 消費税及地方消費税　（中間申告分、確定申告分（期限内申告分））

ご利用にならない税目については、二重線で抹消してください。この場合の訂正印は不要です。

2　振替納付日

納期の最終日（休日の場合は翌取引日）

ただし、納付の日が納期限後となる場合で、法令の規定によりその納付が納期限においてされたものとみなされるときは、貴店（組合）に納付書が到達した日から2取引日を経過した最初の取引日まで。

約定

1　預貯金の支払手続については、当座勘定規定又は預貯金規定にかかわらず、私が行うべき当座小切手の振出又は預貯金通帳及び預貯金払戻請求書の提出などいたしません。

2　指定預貯金残高が振替日において、納付書の金額に満たないときは、私に通知することなく納付書を返却されても差し支えありません。

3　この口座振替契約は、貴店(組合)が相当の事由により必要と認めた場合には私に通知されることなく、解除されても異議はありません。

4　この口座振替契約を解除する場合には、私から(納税貯蓄組合長を経由して)指定した金融機関並びに税務署あて文書により連絡します。

5　この取扱いについて、仮に紛議が生じても、貴店(組合)の責によるものを除き、貴店(組合)には迷惑をかけません。

6　貴店(組合)に対して領収証書の請求はいたしません。

※この記載例は執筆時点の様式及び記載例に基づいております。

振替納税日

税目＼項目	摘要	申告期限	現金納付期限	振替納税日
所得税	確定申告(3期分)	3月15日	3月15日	4月中旬
	予定納税(1期分)	7月15日	7月31日	7月31日
	予定納税(2期分)	11月15日	11月30日	11月30日
消費税	第1四半期	5月31日	5月31日	6月下旬
	第2四半期	8月31日	8月31日	9月下旬
	第3四半期	11月30日	11月30日	12月下旬
	確定申告	3月31日	3月31日	4月下旬

振替納税制度は、申告期限までに申告書が提出された場合に限り利用可能です。

確定申告書提出後及び予定納税(中間)の必要がある場合は、口座振替の半月前ほどに所轄税務署より振替納税の通知が郵送されてきます。口座に残高があることを確認しておく必要があります。残高不足で口座振替ができなかった場合は、延滞税を併せて納付することになってしまいます。

なお、令和5年1月1日以降は引っ越しなどによって申告書を提出する税務署が代わった時は、確定申告書第一表の「振替継続希望」に○を付すことで新しい税務署でも振替納税を継続できます。

11 従業員の給与振込の銀行口座は事業用の口座と同じ支店で開設しましょう

■雇用時に口座開設を義務づけましょう

毎月、青色事業専従者、従業員、アルバイト、パートタイマーへ支払う給与は、計算も大変ですが、支払自体も手間のかかる作業です。今では給料を現金で支払う会社はほとんど見かけなくなりました。現在のスタンダードは給与振込でしょう。

この給与振込ですが、従業員等は雇用時に、給与の振込先の届出を行います。ここで少しの工夫があればその後の大きなメリットが生まれます。

雇用時には身元保証書や年金手帳など事業所への提出書類が数多くあります。その手続の中の一つとして、事業で取引している銀行へ、従業員の普通預金口座を作ることを義務づけるのです。このことによって次のようなメリットが生まれます。

■支払のスピードが速く、手数料も抑えられます

①金融機関への信頼が増す

事業用預金口座や個人の預金口座、さらに従業員の預金口座を集中させることで金融機関の信用を得ることができます。事業資金融資の申込みなどをするときに従業員の口座を含めた信用のポイントが高くなるのです。

②給与締め日と支払日

銀行振込での給与支払は中3日以上の営業日前に給与振替の用紙を持参しなければなりません。給与の支払日を仮に25日にした場合、金融機関へは21日に持ち込むことになります。間に土曜・日曜が入るとさらに前にずれ込みます。最悪の場合持ち込みが間に合わなかったとしても、「現金引き出しの同一銀行入金」で手数料が不要、または少額で振込処理できます。

③インターネットバンキング

インターネットバンキングを利用すると、同一行の場合振込手数料がかからない銀行が多いようです。しかも通常振込ですと給料日当日に振込処理しても間に合います。スピードと経済性の一石二鳥です。

第6章

1年間の事業のまとめです
決算と確定申告を行いましょう

事業年度が終わったら、決算を行い、税金の申告をしなければなりません。これがいわゆる確定申告です。一連の手順に加え、困ったときの相談先の情報などをまとめました。

1

決算書は事業の成果を知る通信簿です

■損益計算書と貸借対照表を作りましょう

個人で事業をされている方は、1月1日から12月31日までの期間が一つの事業年度として決められています。この1年の間の取引を集計して、その1年間にいくら儲かったかという経営成績とその年の12月31日現在の財産の状態（資産や負債の金額）を計算することを決算と言います。この経営成績を表す書類を「損益計算書」と言い、財産状態を表す書類を「貸借対照表」と言います。

決算をすることで1年間の所得が明らかになるので、努力の成果がわかるのはもちろんのこと、その経営成績から原価が高すぎるとか、どこに経費がかかりすぎているとかというさまざまな経営上の問題点も見えてきますので、今後の事業の発展につながる作業とも言えます。

また、この「損益計算書」と「貸借対照表」（この二つを併せて「決算書」とも言います）をもとにして所得税の確定申告をすることになりますので決算は重要な作業です。

具体的に決算で行っていく作業について見ていきましょう。

まず、今まで記帳してきた帳簿の集計をします。そして次に掲げる作業を一つずつ行います。

①12月31日現在の実際の商品の在庫高の確認(商品のたな卸)
②今年に含まれる売上・仕入の範囲の確認(締め後の売上・仕入)
③今年に含まれる、もしくは含まれない経費や収入の確認(1月に来る12月分の請求書など)
④固定資産の一部を費用として計上する(減価償却費の計上)
⑤「損益計算書」と「貸借対照表」の作成
⑥所得税の確定申告書の作成

という手順になります。それぞれの内容については、この後で詳しく述べていきます。

ここで注意をしたいのは、所得税の確定申告は1月1日から12月31日の1事業年度分を翌年の2月16日から3月15日までに行うということです。
②～⑥の作業については翌年3月15日までに完成していれば問題はないですが、①の商品のたな卸だけは、12月31日現在の残高が必要になりますので、年末に実際に行わなければなりません。

2 12月31日現在の実際の商品の在庫高を確認してください

■売上原価を把握するためにたな卸が必要です

「たな卸」とは、12月31日現在の実際の商品の在庫高の確認をする作業を言います。年末の忙しい時期に作業をするのは大変ですが、決算をする上では必ず、しかも正確にやる必要のある重要な作業と言えます。

では、なぜ年末時点での商品の在庫高を確認しなければならないのでしょう。それは、仕入れた商品のうち売れた分だけが経費として認められるというところに答えがあります。

しかし、実際にはその年に仕入れた商品のすべてが売れているとは限りません。その年に仕入れた商品のうち年末の時点で在庫として残っているものもあります。これは、売れたものではないので、経費から除かなければなりません。この経費から除く作業をするために期末商品のたな卸をします。そして、仕入れた商品のうち売れた分として認められる経費の名称を**「売上原価」**と言います。これを算式で表すと次のようになります。

売上原価＝昨年末の売れ残りの商品の在庫高（期首商品たな卸高）＋今年の商品の仕入金額
－今年末売れ残り商品の在庫高（期末商品たな卸高）

■たな卸を行ってみましょう

では、具体的なたな卸のしかたについて見ていきましょう。

まず、年末に残っている「商品」や「材料」の数を、その「商品」や「材料」の種類ごとに数えていきます。その数にその「商品」や「材料」の単価を掛けて、年末時点での売れ残った商品の金額を計算します。そして、商品の金額の計算の根拠となった数量や単価をたな卸表として簡単にまとめておきます。

次に単価の求め方にはいくつもの方法が認められていますが、その業種にあった評価方法を選択しましょう。163ページ以降でもう一度評価方法を確認してみてください。

選択届を税務署長に提出していない場合は「最終仕入原価法」となります。「最終仕入原価法」とは、文字通りその年の最後に仕入れたその商品の単価に商品数を乗じて計算する方法です。

ただ、小売業のように商品の数が多い場合には「売価還元法」、高価な商品を少量扱う業種は「個別法」、相場の変動の大きい商品を扱う業種は「移動平均法」などというように自分の業種にあった評価方法を選択しましょう。

3 今年の売上（売掛金）を把握しましょう

■年をまたいだ売掛金は売上に計上します

売上には、小売店や飲食店などのように商品と引き替えに現金をもらう現金売上と、卸売業や通信販売などのように商品の引き渡しの後に代金をもらう掛売上があります。

商品引き渡しと同時に売上がたつ場合は問題ないのですが、商品の引き渡しやサービスの提供は行ったけれど代金を受け取っていない場合、その未収代金を「売掛金」と言います。

では、年末に商品を売った代金が未収になっている場合や、サービスは行ったが代金は未収になっている場合の掛売上は今年の売上に計上しなければいけないのでしょうか。

結論から言うと、今年の売上に計上しなければなりません。

それは、掛売上の計上は、現金の入金の時期ではなく、実際の商品を売った時期、またはサービスを行った時期にすることになっているからです。

したがって、年内に商品を売って、翌年に入金があった場合には、年末の時点で掛売上（売掛金）を把握して、今年の売上に計上しなければなりません。

通常売掛金は何らかの備忘記録がなければ請求漏れが生じる可能性があります。そのため売掛帳の作成が役に立ちます。

また、年内に入金だけあり、商品の引き渡しやサービスを実際に行うのが翌年になる場合には、「前受金」という勘定科目を用いて今年の売上に含めない処理をすることになります。

4 今年の仕入（買掛金）を把握しましょう

年をまたいだ買掛金は仕入に計上します

前の項目では、年末に行う売上の調整について説明しましたが、この同じ調整が仕入にもあります。これも考え方は売上と全く同じです。

では、仕入についても詳しく見ていきましょう。仕入にも同じく信用取引で行う掛仕入があります。

つまり、商品の引き渡しを受けている、またはサービスは受けているが、代金の支払がまだ済んでいない場合を言います。

これも売上の場合と同様に今年の仕入に計上します。

それは、掛仕入も、現金の支払の時期ではなく、実際の商品の引き渡しを受けた時期またはサービスを受けた時期に計上することになっているからです。

したがって、年内に商品の引き渡しを受けて、翌年にその支払があった場合には、年末の時点で掛仕入（買掛金）を把握して、今年の仕入に計上します。

買掛金も商品の受け入れと支払時期が違いますから、備忘記録を作っておきます。これを買掛帳と言います。

通常仕入先は、商品の納品のつど納品書を商品と一緒に置いていきます。この納品書から買掛帳を作成します。

仕入先からは、この納品書を集計した請求書がきます。買掛帳と請求書を照合して間違いないと確認してから支払うことになります。

また、年内に支払だけが先にあり、商品の引き渡しやサービスを実際に受けるのが翌年になる場合には、「前払金」という勘定科目を用いて今年の仕入には含めない処理をすることになります。

5 経費もサービス・商品の提供があった時点で計上します

■代金の未払は未払金として区分します

前の項目で売上と仕入に関して年末に調整する必要性について説明しましたが、必要経費も同じように決算において調整を行います。具体的には次のようになります。

①経費のうち年内に物を買っている、サービスの提供を受けているが代金が未払の場合
今年の経費に計上されていないので、今年の経費として計上する（未払金）ことができます。

②経費のうち年内にお金は払っているが、物の受取やサービスの提供が翌年の場合
翌年の経費であるにもかかわらず今年の経費に計上されているので、前払金として今年の経費から除く処理をします。

その年の必要経費に関する基本的な考え方は、売上や仕入と同じで金銭の授受の時期ではな

く、実際に物を受け取ったとき、またはサービスを受けたときに経費計上をします。
①のケースについて考えてみましょう。例えば、電気代などのような水道光熱費などは、使用した電気代は12月のものでも支払は翌年になります。このように年内に利用したり使用したり、物を買ったとき、支払が翌年であっても、今年の経費として計上することができます。その際、経費を計上するために用いる科目を「未払金」と言います。未払金とは、今後支払わなければならない債務を意味します。
これに対して経費から除く処理を行うのが②です。例えば今年に加入した火災保険で契約期間が2年であるものなどが該当します。加入の時期が今年の11月である場合に、翌々年の10月まで24カ月分の代金を支払っていることになります。

今年分の2カ月分は今年中にサービスを受けているので今年の経費になりますが、翌年以降分の22カ月分は、「前払金」として今年の経費から除く処理をすることになります。

また、この経費から除く処理は、その支払金額が少額である場合やその支払った期間が1年以内のもので毎年継続して同じ経費処理をしている場合には、経費から除かず今年の経費としてよいことになっています。

6 減価償却費を計上してください

今年経費化できる固定資産の額を計算します

長期間使用される固定資産については、通常の経費と異なり、購入時に全額必要経費としては認められません。これは、長期間使用する金額の大きい資産については、その資産を使用することができる期間で按分して経費とするという考え方に基づいています。

この按分して何年かにわたって経費にする計算を「減価償却」と言い、その年の経費となる費用の名称を「減価償却費」と言います。

また、その資産の使用することができる期間を法律で資産ごとに定めたものを「法定耐用年数」と言います。２１４～２１６ページの耐用年数表の一覧を参照してください。

具体的には、次に掲げる資産以外の資産が、減価償却の対象となる資産となります。

①青色申告者の場合には、取得価額30万円未満（白色申告者の場合には10万円未満）の資産

（青色申告者の場合の取得価額30万円未満の一括経費算入の規定は、令和8年（2026年）3月31日までに取得した場合に限ります。年間総額300万円まで）

②使用可能期間が1年未満の資産

③土地や借地権

④販売するために所有している資産（たな卸商品）

⑤減価償却の対象となる資産の取得価額が10万円以上20万円未満のもので、一括償却の方法で経費算入することを選択した資産（青色申告者の場合には、30万円未満の一括経費算入の規定を適用しなかった場合）

⑤の資産は通常の減価償却ではなく一括償却の方法により経費計上されます。一括償却の方法については、後述します。

■定額法か定率法を選び減価償却費を計算します

減価償却の計算方法の中で、代表的なものに「定額法」と「定率法」があります。

□毎年一定の金額を計上するのが定額法

定額法とは、毎年一定の金額を経費として計上する方法を言います。算式で表すと次のようになります。

資産の取得価額×定額法償却率＝その年に計上される減価償却費

【残存簿価が1円になるまで償却できます】

＊資産の取得価額とは、その資産の本体購入金額にその購入に要した手数料などの付随費用を加算したものになります。

＊定額法の償却率とは、法定耐用年数ごとに定められている割合を言います。

＊本年中に購入した資産は、使用した月数により月割計算します。

この方法のメリットは計算が簡単であることが挙げられます。また、償却方法を税務署に届け出なかった場合には、定額法が適用されます。

□最初に多額を、徐々に少額を計上していくのが定率法

定率法とは、初期に多額の減価償却費を計上し、その後年々減価償却費が減少する方法を言います。先に多くの経費を計上できるので、早く資産の購入金額の回収が図られるため一般的に有利と言われています。定率法を選択するには、税務署に届出をすることが必要となります。

また、建物・附属設備・構築物はすべて定額法で計算します。算式で表すと次のようになります。

【定率法の償却限度額が「調整前償却額≧償却保証額」の場合】

期首資産の帳簿価額×定率法償却率＝その年に計上される減価償却費

【定率法の償却限度額が「調整前償却額＜償却保証額」の場合】

改定取得価額×改定償却率＝その年に計上される減価償却費

＊調整前償却額＝期首簿価×償却率
＊償却保証額＝取得価額×保証率
＊改定取得価額＝償却限度額が償却保証額より小さくなった年の期首簿価
＊期首の資産の帳簿価額（去年の決算書の未償却残高を言います）＝資産の取得価額－過去に行った減価償却費の合計額
＊定率法の償却率とは、法定耐用年数ごとに定められている割合を言います。
＊本年中に購入した資産は、使用した月数により月割計算します。

□家事との兼用資産の扱いには注意しましょう

例えば、車など家事用と兼用している資産がこれに該当します。これは、計算された減価償却費のうち事業に使っている割合（事業専用割合）分が経費として認められます。したがって、家事と兼用している資産については減価償却費を計算する上で注意が必要になります。

■一括して償却できる資産があります

減価償却の対象となる資産の取得価額が10万円以上20万円未満のものは、通常の定額法や定率法による減価償却及び青色申告者の場合の30万円未満の一括経費算入の規定にかえて、事業の用に供した事業年度から3年間で均等に償却（1年あたり3分の1ずつ経費計上）することができます。

この3年間で経費計上される資産を「一括償却資産」と言います。この計算は、その年において一括償却資産の対象となる資産の金額の合計額に単純に1／3を乗じて償却費を求めます。

この方法のメリットは、事業用の資産に対して課税される償却資産税（地方税で固定資産税の一種です）の課税の対象にならないことが挙げられます。これに対して取得価額が10万円以上20万円未満の資産を、青色申告者の30万円未満の一括経費算入の規定を使って一括で経費算入した場合には、償却資産税の対象になります。

定率法の計算例

取得価額50万円、耐用年数6年の減価償却資産

定率法の償却率　0.333
保証率　0.09911
改定償却率　0.334

年数	1	2	3	4	5	6
期首簿価	500,000	333,500	222,445	148,371	98,816	49,261
償却限度額（調整前償却額）	166,500	111,055	74,074	49,407	32,905	16,403
償却保証額	49,555	49,555	49,555	49,555	49,555	49,555
改定取得価額×改定償却率				148,371×0.334 49,555	148,371×0.334 49,555	49,260
期末簿価	333,500	222,445	148,371	98,816	49,261	1

定率法の減価償却費の計算法

●1年目
期首簿価に償却率をかけた償却限度額（166,500円）が期首簿価に保証率をかけた償却保証額（49,555円）より大きい場合は、166,500円を償却費とします。

●2年目、3年目
前年の期末簿価に償却率をかけた償却限度額が償却保証額より大きい金額になる期間は、償却限度額を償却費とします。

●4年目、5年目
期首簿価に償却率をかけた償却限度額が償却保証額（49,555円）より小さい場合は、改定取得価額（＊）に改定償却率をかけた金額49,555円を償却費とします。

●6年目
期末簿価の1円まで償却できます。

＊改定取得価額とは、償却限度額（49,555円）が償却保証額（49,407円）より小さくなった年の期首簿価を言う。

■特別償却を利用しましょう

減価償却費の計算方法には、定額法・定率法により計算する「普通償却」に加えて、一定の要件を満たす資産を取得した場合に認められる「特別償却」という制度があります。資産を取得した年度に、普通償却に加えて、特別償却により計算した減価償却費を必要経費として算入できるのです。

特別償却の制度は「中小企業投資促進税制」等で定められています。代表的なものを218ページで紹介していますので、確認してみてください。

■固定資産台帳を作り、管理しましょう

減価償却費の計算のしかたを簡単に紹介しましたが、この事業の用に供している固定資産は、その動きを管理する帳簿である固定資産台帳で管理します。

固定資産台帳に記載すべき資産は、減価償却の対象となる固定資産と同じになります。書き方の具体例は219ページを参照してください。

減価償却資産耐用年数表①

	構造・用途	細目			耐用年数
建物	鉄骨鉄筋コンクリート造 鉄筋コンクリート造のもの	事務所用のもの			50
		住宅用のもの			47
		飲食店用のもの	延面積のうちに占める木造内装部分面積が3割を越えるもの		34
			その他のもの		41
		店舗用のもの			39
		車庫用のもの			38
		工場用・倉庫用のもの			38
	金属造のもの	事務所用のもの	骨格材の肉厚が	4mmを超えるもの	38
				3mmを超え、4mm以下のもの	30
				3mm以下のもの	22
		店舗用・住宅用のもの	骨格材の肉厚が	4mmを超えるもの	34
				3mmを超え、4mm以下のもの	27
				3mm以下のもの	19
		飲食店用・車庫用のもの	骨格材の肉厚が	4mmを超えるもの	31
				3mmを超え、4mm以下のもの	25
				3mm以下のもの	19
		工場用・倉庫用のもの	骨格材の肉厚が	4mmを超えるもの	31
				3mmを超え、4mm以下のもの	24
				3mm以下のもの	17
	木造のもの	事務所用のもの			24
		店舗用・住宅用のもの			22
		飲食店用のもの			20
		車庫用のもの			17
		工場用・倉庫用のもの			15
建物付属設備	店用簡易装備				3
	冷暖房設備				13
	電気設備（照明設備を含む）	蓄電池電源設備以外のもの			15
	給排水・衛生設備、ガス設備				15

減価償却資産耐用年数表②

	構造用途	細目				耐用年数
車両運搬具	一般用	自動車（二輪・三輪自動車を除く）	小型車（総排気量が0.66リットル以下のもの）			4
			その他のもの	貨物自動車	ダンプ式のもの	4
					その他のもの	5
				報道通信用のもの		5
				その他のもの（一般の乗用車）		6
		二輪自動車				3
	運送事業用	自動車（含二輪・三輪自動車、乗合自動車を除く）	小型車			3
			大型乗用車			5
			その他			4
		乗合自動車				5
器具及び備品	家具・電気機器・ガス機器・家庭用品	事務机、事務いすキャビネット	主として金属製のもの			15
			その他のもの			8
		応接セット	接客業用のもの			5
			その他のもの			8
		ベッド				8
		児童用机、いす				5
		陳列だな、陳列ケース	冷凍機付・冷蔵機付のもの			6
			その他のもの			8
		その他の家具	接客業用のもの			5
			その他のもの	主として金属製のもの		15
				その他のもの		8
		ラジオ、テレビジョン、テープレコーダーその他の音響機器				5
		冷房用・暖房用機器				6
		電気冷蔵庫、洗濯機、その他これらに類する電気ガス機器				6
		氷冷蔵庫、冷蔵ストッカー（電気式のものを除く）				4
		カーテン、座ぶとん、寝具、丹前、その他これらに類する繊維製品				3
		じゅうたんその他の床用敷物	小売業・接客業用・放送用・レコード吹込用・劇場用のもの			3
			その他のもの			6
		室内装飾品	主として金属製のもの			15
			その他のもの			8
		食事・厨房用品	陶磁器製・ガラス製のもの			2
			その他のもの			5
		その他のもの	主として金属製のもの			15
			その他のもの			8

減価償却資産耐用年数表③

	構造用途	細目			耐用年数
器具及び備品	事務機器、通信機器	電子計算機	パソコン（サーバー用を除く）		4
			その他のもの		5
		複写機、計算機(電子計算機を除く)、タイムレコーダーその他これらに類するもの			5
		その他の事務機器			5
		ファクシミリ			5
		インターホーン、放送用設備			6
		電話設備その他の通信機器	デジタル構内交換設備、デジタルボタン電話設備		6
			その他のもの		10
	光学機器写真製作機器	カメラ、映画撮影機、映写機、望遠鏡			5
		引伸機、焼付機、乾燥機、顕微鏡、その他の機器			8
	看板、広告器具	看板、ネオンサイン、気球			3
		マネキン人形、模型			2
		その他のもの	主として金属製のもの		10
			その他のもの		5
	金庫	手さげ金庫			5
		その他のもの			20
	理容又は美容機器				5
	医療機器	消毒殺菌用機器			4
		手術機器			5
		血液透析又は血しょう交換用機器			7
		ハバードタンクその他の作動部分を有する機能回復訓練機器			6
		調剤機器			6
		歯科診療用ユニット			7
		光学検査機器	ファイバースコープ		6
			その他のもの		8
		その他のもの	レントゲンその他の電子装置を使用する機器	移動式のもの、救急医療用のもの及び自動血液分析器	4
				その他のもの	6
			その他のもの	陶磁器製又はガラス製のもの	3
				主として金属製のもの	10
				その他のもの	5

耐用年数	定額法の 償却率	定率法の 償却率	改定償却率	保証率
27	0.038	0.074	0.077	0.02624
28	0.036	0.071	0.072	0.02568
29	0.035	0.069	0.072	0.02463
30	0.034	0.067	0.072	0.02366
31	0.033	0.065	0.067	0.02286
32	0.032	0.063	0.067	0.02216
33	0.031	0.061	0.063	0.02161
34	0.030	0.059	0.063	0.02097
35	0.029	0.057	0.059	0.02051
36	0.028	0.056	0.059	0.01974
37	0.028	0.054	0.056	0.01950
38	0.027	0.053	0.056	0.01882
39	0.026	0.051	0.053	0.01860
40	0.025	0.050	0.053	0.01791
41	0.025	0.049	0.050	0.01741
42	0.024	0.048	0.050	0.01694
43	0.024	0.047	0.048	0.01664
44	0.023	0.045	0.046	0.01664
45	0.023	0.044	0.046	0.01634
46	0.022	0.043	0.044	0.01601
47	0.022	0.043	0.044	0.01532
48	0.021	0.042	0.044	0.01499
49	0.021	0.041	0.042	0.01475
50	0.020	0.040	0.042	0.01440

減価償却資産の償却率、改定償却率及び保証率

耐用年数	定額法の償却率	定率法の償却率	改定償却率	保証率
2	0.500	1.000	—	—
3	0.334	0.667	1.000	0.11089
4	0.250	0.500	1.000	0.12499
5	0.200	0.400	0.500	0.10800
6	0.167	0.333	0.334	0.09911
7	0.143	0.286	0.334	0.08680
8	0.125	0.250	0.334	0.07909
9	0.112	0.222	0.250	0.07126
10	0.100	0.200	0.250	0.06552
11	0.091	0.182	0.200	0.05992
12	0.084	0.167	0.200	0.05566
13	0.077	0.154	0.167	0.05180
14	0.072	0.143	0.167	0.04854
15	0.067	0.133	0.143	0.04565
16	0.063	0.125	0.143	0.04294
17	0.059	0.118	0.125	0.04038
18	0.056	0.111	0.112	0.03884
19	0.053	0.105	0.112	0.03693
20	0.050	0.100	0.112	0.03486
21	0.048	0.095	0.100	0.03335
22	0.046	0.091	0.100	0.03182
23	0.044	0.087	0.091	0.03052
24	0.042	0.083	0.084	0.02969
25	0.040	0.080	0.084	0.02841
26	0.039	0.077	0.084	0.02716

「特別償却」の制度

中小企業投資促進税制

この税制は、取得価額が160万円以上の機械・装置などであれば、種類を問わず幅広く利用することができます。

対象者	青色申告書を提出する個人事業者
対象設備	①機械・装置　1台または1基の取得価額が160万円以上のもの ②測定工具・検査工具　1台または1基の取得価額が120万円以上のもの（1台または1基の取得価額が30万円以上かつ事業年度の取得価額の合計額が120万円以上のものを含む） ③一定のソフトウェア（合計取得価額が70万円以上） ④普通貨物自動車（車両総重量3.5トン以上） ⑤内航船舶
措置内容	①取得の場合：取得価額の30%の特別償却または7%の税額控除を選択して受けられます。 ②平成20年4月1日以後に締結された「所有権移転外リース取引」により賃貸人が取得したものとされる資産については、特別償却の適用は受けられませんが、税額控除は受けられます。
適用期間	令和7年3月31日までに取得した資産

「固定資産台帳」の記載例

資産名	車		
所在地	東京都新宿区西新宿2−33−44　あかねビル		
構造	タヨトディアナ	細目	練馬あ××−××
取得年月日	年 10 月 31 日	数量	1台
償却方法	定率法	耐用年数	6年
償却率	0.333	取得価額	2,800,000円

年月日	摘要	取得			減価償却額	期中増減		期末未償却残高		事業専用割合	必要経費算入額
		数量	単価	金額		数量	金額	数量	金額		
.10.31	購入・事業供用	1		2,800,000		1			2,800,000		
.12.31	平成　年分減価償却費				233,100	1			2,566,900	100%	233,100

7 さあ確定申告のための決算書を作成しましょう

さて、いよいよ1年間の事業の成果である決算書の作成法を説明していきたいと思います。まず、決算書の用紙は、通常開業届を提出すると税務署から送付されてきます。決算書は、事業所得や不動産所得ごとに作成する必要があり、青色申告者の場合で事業を行っている方は、「所得税青色申告決算書（一般用）」という名称のものになります。ここでは、この「一般用」の決算書の書き方を紹介したいと思います。

■帳簿を集計して損益計算書を作成してください

まず、今まで作成してきた帳簿を集計することから始めます。1年間の集計結果と前項までの決算（年末）での調整を加味した金額を損益計算書・決算書の1ページ目（227ページ）と損益計算書の数字の内訳書である決算書の2ページ目（228ページ）・決算書の3ページ目（229ページ）に転記します。

作業の流れとしては、今まで記帳してきた帳簿の集計を行い、まずその帳簿の残高を先に2ページ目、3ページ目の内訳書に転記を行います。そして、その各内訳書の合計金額を損益計算書に転記します。次に、残りの経費の帳簿残高を損益計算書に転記して、損益計算書を完成させます。

内訳書(2ページ目)を書いてください

2ページ目の内訳書を書くにあたって、注意すべきことをそれぞれの項目ごとに挙げていきます。

□「月別売上(収入)金額及び仕入金額」に記入します

この項目には、年末の売掛金・買掛金を加味した月々の売上と仕入と雑収入の金額を記入します。

この中で一つ気をつけなくてはならないのは、飲食店や小売業などを経営されている方が計上する「家事消費等」という売上になります。これは、個人事業者が商品をプライベートで消費してしまった場合、売上に計上しなければならないということです。

八百屋を経営していて、商品の大根を夕食の材料に使ってしまったという場合がこれにあたります。自分で消費しても売上なのかと思われるかもしれませんが、商品の購入代金は仕入金額として経費計上されていますし、外で買えばお金がかかるのでその分売上に計上してくださいという考え方です。

具体的に売上に計上する金額はその商品の通常の販売価額になりますが、その商品の仕入価額（仕入価額が通常の販売価額の70％未満のときは、通常の販売価額の70％以上の金額）を売上として計上した場合には、その金額が売上として認められます。家事消費は、税務署から目を付けられやすい項目ですので、めんどうでもしっかり計上するようにしましょう（94ページ）。

□「給料賃金の内訳」「専従者給与の内訳」に記入します

ここでは、従業員と専従者の1年間の給与・賞与を各人ごとに記載します。ここで注意すべきは、源泉徴収税額の欄ですが、年末調整後の所得税額を記入することになります。

□「貸倒引当金繰入額の計算」に記入します

貸倒引当金繰入額とは、年末時点で売掛金や貸付金が、将来回収不能になりそうな金額を見積もって先に経費として備えておくことができるという経費項目です。通常は、「一括評価」という項目で見積もることになります。

見積もり率は、法律で定められていて、売掛金や貸付金の合計金額（所得税では売掛金も含めて「貸金」と言います）の5・5％（金融業は3・3％）となり、この金額が貸倒引当金繰入額として経費となります。

また「**個別評価**」とは、会社更生法の決定を受けたような会社に対する債権を指し、見積もり率50％の経費計上が認められていますが、通常はないはずです。また、貸倒引当金繰入額として経費に計上された金額は、翌年その金額を収入に計上しなければなりません。

□「青色申告特別控除額の計算」に記入します

ここには青色申告特別控除の内訳を書くことになります。

青色申告者で正規の簿記の原則（複式簿記）により貸借対照表を作成する方は、55万円（一定の場合65万円）の控除を受けることができます。それ以外の場合10万円の控除になります。また、不動産所得と事業所得両方ある方は、青色申告特別控除を不動産所得から先に控除して、余った金額を事業所得から控除することになります。

■内訳書（3ページ目）を書いてください

3ページ目の内訳書を書くにあたって、注意すべきことをそれぞれの項目ごとに挙げていきます。

□「減価償却費の計算」に記入します

減価償却費の計算については、固定資産台帳から転記して記入することになります。詳しい計算方法については、206ページ以降を参照してください。また、記入のしかたについての注意点ですが、一括償却資産については、今年に支出した一括償却資産の対象となる金額の合計額をまとめて記入します。

青色申告者が取得した30万円未満の一括経費算入の特例の適用を受ける場合にも、今年に支出したその対象となる金額の合計額をまとめて記入します。ただし、一括償却資産の場合と違い摘要欄に「措法28の2」とこの特例を受ける意思表示として条文の番号を記載しなければなりません。

□「利子割引料の内訳」「地代家賃の内訳」に記入します

今年中に支払うことが確定した金額を記入します。地代家賃の内訳については、権利金や更新料は上段に、賃借料は下段にそれぞれ記入し、権利金は「権」を、更新料は「更」を○で囲みます。

□「税理士・弁護士等の報酬・料金の内訳」に記入します

今年中に支払うことが確定した金額、つまりサービスは受けたが、未払になっている金額を含めて記入します。源泉徴収税額も未払になっている報酬に対応する金額も計上します。

□「本年中における特殊事情」に記入します

事業の上で前年と比較してなにか業績に大きな影響を与える事情があるときに記載します。例えば、大口の取引先が倒産したため業績が悪化した場合などがこれにあたります。

■損益計算書（1ページ目）を完成させましょう

□「売上（収入）金額①」に記入します

年末での売掛金を含めた金額に家事消費売上と雑収入との合計金額を計上します。具体的には、内訳書である2ページ目の「○月別売上（収入）金額及び仕入金額」の売上金額の合計から転記することになります。

このような形で損益計算書にある項目のうち内訳書にある項目については、内訳書から転記してくることになります。また、この金額を「確定申告書」の第一表の「収入金額等」の「営業等㋐」に転記することになります（239ページ）。

□「所得金額㊺」に記入します

ここで計算された所得金額は、「確定申告書」の第一表の「所得金額」の「営業等①」に転記することになります（239ページ）。

医業または歯科医業を営む事業者で社会保険診療収入5000万円以下の方（自由診療収入を含めた収入（医業収入）が一定額（7000万円）を超えた方を除く）は、上記の通常の計算と選択で経費の概算計上をすることができます。これに関しては、複雑な計算を要しますので最寄りの税務署または税理士にご相談ください。

■貸借対照表（4ページ目）を完成させましょう

貸借対照表・決算書の4ページ目（230ページ）は、先にも述べたとおり年末時点での資産や負債の状況を表したものになります。

同じ利益でも、借金が多いか少ないか、在庫を多くかかえているか少ないかなどで事業の状況を判断する大切な書類になります。

そして、貸借対照表は青色申告特別控除の55万円（一定の場合65万円）を受ける事業者は必ず作成することになります。このときは、正規の簿記の原則（複式簿記）に従って仕訳帳とすべての科目の総勘定元帳を作成し、その総勘定元帳の残高を貸借対照表に転記します（ここで事業主の個人的取引は92ページで説明した事業主貸、または事業主借として転記します）。

次に期末の元入金ですが、期首の元入金と同じ金額になります。期首の元入金は、期首の資産総額から期首の負債総額を引いて算出します。

そして最後に期末の資産総額から期末の負債総額と元入金の合計額を引いて〝青色申告特別控除前の所得金額〟を求めます。

この金額は複式簿記の仕組みから必ず損益計算書の〝青色申告特別控除前の所得金額〟と同じになります。この数字が一致しない場合には、記帳漏れ・転記ミス・計算の誤りなどが原因ですので、計算チェック・転記の確認・請求書や領収書とのつけ合わせを行う必要があります。

「所得税青色申告決算書」1ページ目の記入例

FA3001

令和 0 年分所得税青色申告決算書（一般用）

提出用（令和五年分以降用）

この青色申告決算書は機械で読み取りますので、黒のボールペンで書いてください。

住所	〒363-0000 埼玉県桶川市春日1-22-33	フリガナ 氏名	坂本《サカモト》 久志《ヒサシ》
事業所所在地	〒160-0023 東京都新宿区西新宿2-33-44あかねビル4階	電話番号	（自宅）042-111-1111 （事業所）03-3333-3333
業種名	コンピュータ部品の販売	屋号	リザルト
加入団体名			
依頼税理士等 事務所所在地			
氏名（名称）			
電話番号			

整理番号

令和　年　月　日

損益計算書（自　月　日至　月　日）

科目		金額（円）
売上（収入）金額（雑収入を含む）	①	52361000
売上原価 期首商品（製品）棚卸高	②	3120000
売上原価 仕入金額（製品製造原価）	③	37042700
売上原価 小計（②＋③）	④	40162700
売上原価 期末商品（製品）棚卸高	⑤	3510000
売上原価 差引原価（④－⑤）	⑥	36652700
差引金額（①－⑥）	⑦	15708300
経費 租税公課	⑧	175000
経費 荷造運賃	⑨	175000
経費 水道光熱費	⑩	112000
経費 旅費交通費	⑪	255000
経費 通信費	⑫	219550
経費 広告宣伝費	⑬	
経費 接待交際費	⑭	120450
経費 損害保険料	⑮	70000
経費 修繕費	⑯	
経費 消耗品費	⑰	264458
経費 減価償却費	⑱	578125
経費 福利厚生費	⑲	102000
経費 給料賃金	⑳	3420000
経費 外注工賃	㉑	
経費 利子割引料	㉒	12000
経費 地代家賃	㉓	1200000
経費 貸倒金	㉔	
経費	㉕	
経費	㉖	
経費	㉗	
経費	㉘	
経費	㉙	
経費	㉚	
経費 雑費	㉛	30000
経費 計	㉜	6733583
差引金額（⑦－㉜）	㉝	8974717
各種引当金・準備金等 繰戻額等 貸倒引当金	㉞	333000
各種引当金・準備金等 繰戻額等	㉟	
各種引当金・準備金等 繰戻額等	㊱	
各種引当金・準備金等 繰戻額等 計	㊲	333000
各種引当金・準備金等 繰入額等 専従者給与	㊳	3000000
各種引当金・準備金等 繰入額等 貸倒引当金	㊴	391600
各種引当金・準備金等 繰入額等	㊵	
各種引当金・準備金等 繰入額等	㊶	
各種引当金・準備金等 繰入額等 計	㊷	3391600
青色申告特別控除前の所得金額（㉝＋㊲－㊷）	㊸	5916117
青色申告特別控除額	㊹	650000
所得金額（㊸－㊹）	㊺	5266117

●青色申告特別控除については、「決算の手引き」の「青色申告特別控除」の項を読んでください。

●下の欄には、書かないでください。

91		95	
92		96	
93		97	
94		99	

－1－

「所得税青色申告決算書」2ページ目の記入例

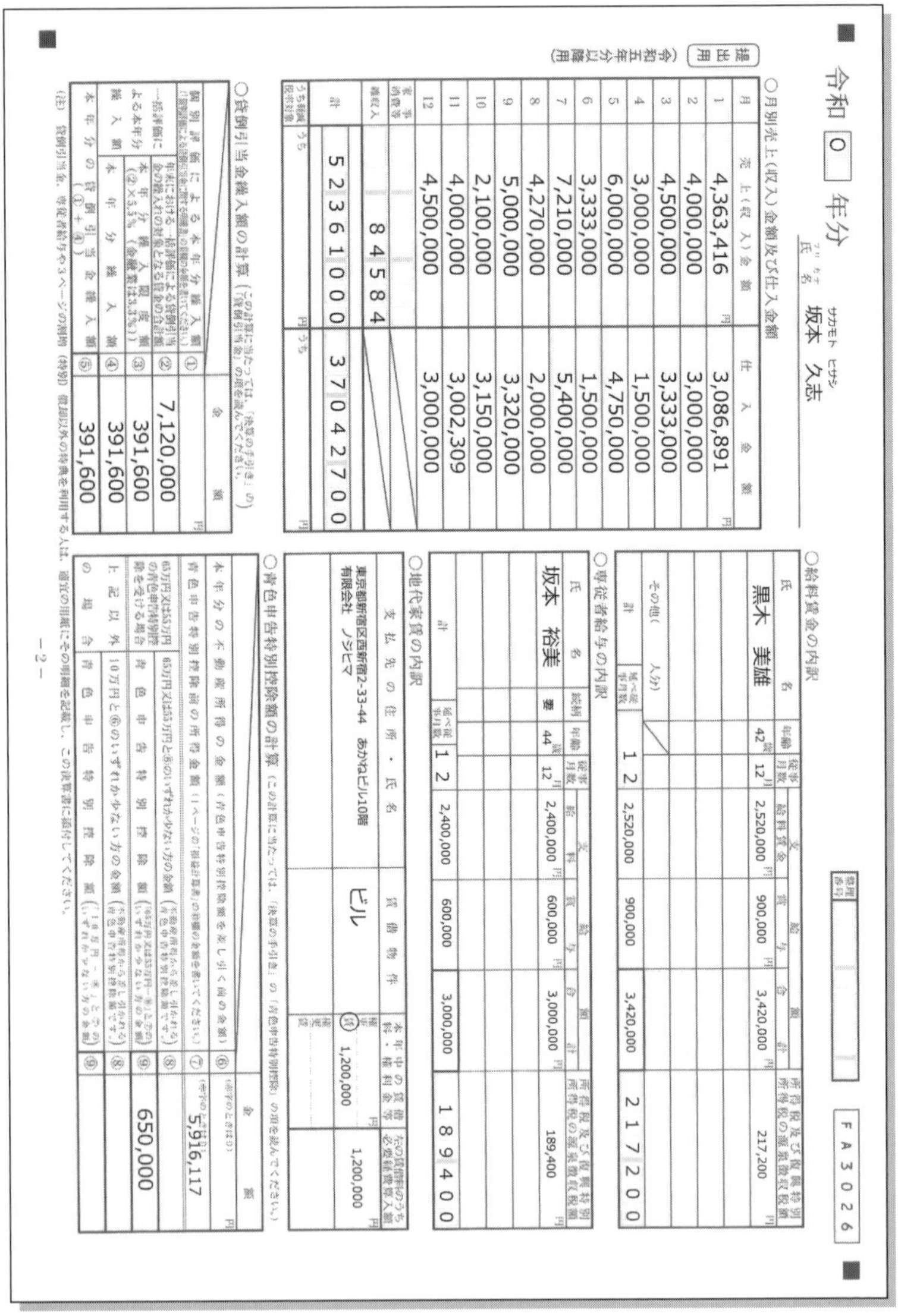

令和 0 年分　氏名《フリガナ》 坂本　久志《サカモト　ヒサシ》

FA3026　整理番号

提出用（令和五年分以降用）

○月別売上（収入）金額及び仕入金額

月	売上（収入）金額	仕入金額
1	4,363,416 円	3,086,891 円
2	4,000,000	3,000,000
3	4,500,000	3,333,000
4	3,000,000	1,500,000
5	6,000,000	4,750,000
6	3,333,000	1,500,000
7	7,210,000	5,400,000
8	4,270,000	2,000,000
9	5,000,000	3,320,000
10	2,100,000	3,150,000
11	4,000,000	3,002,309
12	4,500,000	3,000,000
家事消費等		
雑収入	84584	
計	52361000	37042700
うち軽減税率対象	うち　円	うち　円

○給料賃金の内訳

氏名	年齢	従事月数	給料賃金	賞与	合計	所得税及び復興特別所得税の源泉徴収税額
黒木　美雄	42歳	12月	2,520,000 円	900,000 円	3,420,000 円	217,200 円
その他（　人分）						
計	延べ従事月数	12	2,520,000	900,000	3,420,000	217200

○専従者給与の内訳

氏名	続柄	年齢	従事月数	給料	賞与	合計	所得税及び復興特別所得税の源泉徴収税額
坂本　裕美	妻	44歳	12月	2,400,000 円	600,000 円	3,000,000 円	189,400 円
計	延べ従事月数		12	2,400,000	600,000	3,000,000	189400

○地代家賃の内訳

支払先の住所・氏名	賃借物件	本年中の賃借料・権利金等	左の賃借料のうち必要経費算入額
東京都新宿区西新宿2-33-44　あかねビル10階 有限会社　ノジヒマ	ビル	権更 ㊎ 1,200,000 円	1,200,000 円
		権更 賃	

○貸倒引当金繰入額の計算（この計算に当たっては、「決算の手引き」の「貸倒引当金」の項を読んでください。）

			金額
個別評価による本年分繰入額（「貸倒引当金に関する明細書」の□欄の金額を書いてください。）		①	円
一括評価による本年分繰入額	年末における一括評価による貸倒引当金の繰入れの対象となる貸金の合計額	②	7,120,000
	本年分繰入限度額（②×5.5%〔金融業は3.3%〕）	③	391,600
	本年分繰入額	④	391,600
本年分の貸倒引当金繰入額（①＋④）		⑤	391,600

○青色申告特別控除額の計算（この計算に当たっては、「決算の手引き」の「青色申告特別控除」の項を読んでください。）

			金額
本年分の不動産所得の金額（青色申告特別控除額を差し引く前の金額）		⑥	（赤字のときは0）円
青色申告特別控除前の所得金額（1ページの「損益計算書」の□欄の金額を書いてください。）		⑦	（赤字のときは0）5,916,117
65万円又は55万円の青色申告特別控除を受ける場合	65万円又は55万円と⑥のいずれか少ない方の金額（不動産所得から差し引かれる青色申告特別控除額です。）	⑧	
	青色申告特別控除額（「65万円又は55万円－⑧」と⑦のいずれか少ない方の金額）	⑨	650,000
上記以外の場合	10万円と⑥のいずれか少ない方の金額（不動産所得から差し引かれる青色申告特別控除額です。）	⑧	
	青色申告特別控除額（「10万円－⑧」と⑦のいずれか少ない方の金額）	⑨	

（注）貸倒引当金、専従者給与や3ページの割増（特別）償却以外の特典を利用する人は、適宜の用紙にその明細を記載し、この決算書に添付してください。

－2－

「所得税青色申告決算書」3ページ目の記入例

(令和五年分以降用)

FA3051

整理番号

○売上（収入）金額の明細　※ 登録番号を記載する場合には、先頭に「T」を付けた上で13桁の数字を記入してください。

売上先名	所在地	登録番号（法人番号）(※)	売上（収入）金額
㈱ウェイブ	東京都新宿区○-○-○	T-0000000000000	52,276,416 円
上記以外の売上先の計（雑収入を含む）			84,584
		計	52,361,000

○仕入金額の明細

仕入先名	所在地	登録番号（法人番号）(※)	仕入金額
㈱MEC	埼玉県さいたま市○-○-○	T-0000000000000	37,042,700 円
上記以外の仕入先の計			
		計	37,042,700

◎本年中における特殊事情

特になし

○減価償却費の計算

減価償却資産の名称等（繰延資産を含む）	面積又は数量	取得年月	㋑ 取得価額（償却保証額）	㋺ 償却の基礎になる金額	償却方法	耐用年数	㋩ 償却率又は改定償却率	㊁ 本年中の償却期間	㋭ 本年分の普通償却費（㋺×㋩×㊁）	㋬ 割増（特別）償却費	㋣ 本年分の償却費合計（㋭＋㋬）	㋠ 事業専用割合	㋷ 本年分の必要経費算入額（㋣×㋠）	㋦ 未償却残高（期末残高）	摘要
車	1	6・10	2,500,000 円 ( )	2,500,000 円	定率法	6 年	0.333	3/12 月	208,125 円	円	208,125 円	100 %	208,125 円	2,291,875 円	
一括償却資産		6・	180,000 ( )	180,000			1/3	/12	60,000		60,000	100	60,000	120,000	
パソコン他		6・	合計310,000 ( )	明細は別紙参照				/12					310,000		措法28の2
		・	( )					/12							
		・	( )					/12							
		・	( )					/12							
		・	( )					/12							
計															

(注) 平成19年4月1日以後に取得した減価償却資産について定率法を採用する場合にのみ㋑欄のカッコ内に償却保証額を記入します。

○利子割引料の内訳（金融機関を除く）

支払先の住所・氏名	期末現在の借入金等の金額	本年中の利子割引料	左のうち必要経費算入額
	円	円	円

○税理士・弁護士等の報酬・料金の内訳

支払先の住所・氏名	本年中の報酬等の金額	左のうち必要経費算入額	所得税及び復興特別所得税の源泉徴収税額
	円	円	円

― 3 ―

「所得税青色申告決算書」4ページ目の記入例

FA3076

整理番号

貸借対照表 （資産負債調）

（令和　年　月　日現在）

● 65万円又は55万円の青色申告特別控除を受ける人は必ず記入してください。それ以外の人でも分かる箇所はできるだけ記入してください。（令和五年分以降用）

資産の部 科目	1月1日（期首）	12月31日（期末）	負債・資本の部 科目	1月1日（期首）	12月31日（期末）
現金	175,000円	168,000円	支払手形	円	円
当座預金	2,750,000	3,248,662	買掛金	4,000,000	5,000,000
定期預金	2,000,000	3,000,000	借入金	4,000,000	3,300,000
その他の預金			未払金	126,110	211,110
受取手形			前受金	22,000	32,000
売掛金	6,054,546	7,120,000	預り金	176,000	198,900
有価証券					
棚卸資産	3,120,000	3,510,000			
前払金					
貸付金					
建物					
建物附属設備					
機械装置					
車両運搬具		2,291,875	貸倒引当金	333,000	391,600
工具 器具 備品					
土地					
前払費用	52,000	25,000			
一括償却資産		120,000			
			事業主借		
			元入金	5,494,426	5,494,426
事業主貸		1,060,616	青色申告特別控除前の所得金額		5,916,117
合計	14,151,546	20,544,153	合計	14,151,546	20,544,153

（注）「元入金」は、「期首の資産の総額」から「期首の負債の総額」を差し引いて計算します。

製造原価の計算

（原価計算を行っていない人は、記入する必要はありません。）

科目		番号	金額
原材料費	期首原材料棚卸高	①	円
	原材料仕入高	②	
	小計（①＋②）	③	
	期末原材料棚卸高	④	
	差引原材料費（③－④）	⑤	
労務費		⑥	
その他の製造経費	外注工賃	⑦	
	電力費	⑧	
	水道光熱費	⑨	
	修繕費	⑩	
	減価償却費	⑪	
		⑫	
		⑬	
		⑭	
		⑮	
		⑯	
		⑰	
		⑱	
		⑲	
	雑費	⑳	
	計	㉑	
総製造費（⑤＋⑥＋㉑）		㉒	
期首半製品・仕掛品棚卸高		㉓	
小計（㉒＋㉓）		㉔	
期末半製品・仕掛品棚卸高		㉕	
製品製造原価（㉔－㉕）		㉖	

（注）㉖欄の金額は、1ページの「損益計算書」の③欄に転記してください。

－4－

8 確定申告を行いましょう

■確定申告書に必要事項を記入していきましょう

前項で作成した決算書をもとにして、次に最終段階である申告書の作成について見ていきたいと思います。事業をしている方は、「所得税の確定申告書」（239・240ページ）を使用します。こちらも通常開業届を提出していれば、年明けに税務署から送られてきます（年度により書式が変更されます）。確定申告書は、簡単に言うと、1年間のすべての収入や所得を記載し、そこから扶養控除などの各種所得控除をひいた後の金額に税率を乗じて税金の計算を行います。では、まず確定申告書の記載方法について見ていきましょう。

(1) 事業所得の損益計算書「売上（収入）金額①」の金額（227ページ）を、確定申告書第一表（239ページ）の「収入金額等」の「営業等」の㋐に、損益計算書の「所得金額㊺」の金額（227ページ）を確定申告書第一表の「所得金額」の「営業等」①に転記することになります。また、事業所得以外の所得がある場合にはそれぞれ「収入金額等」と「所得金額」に記載し、所得金額の合計を⑫に記載します。

(2) 所得控除を確定申告書第一表の「所得から差し引かれる金額」⑬〜㉔、㉖〜㉘に記載し、⑬〜㉔の合計金額を㉕に、㉕〜㉘までの合計額を㉙に記載します。

そして、所得控除の内訳を確定申告書第二表「所得から差し引かれる金額に関する事項」に記載します。各種所得控除については、234ページから説明します。

(3) 所得金額の合計金額⑫から所得控除の合計金額㉙を差し引いた金額を「課税される所得金額」㉚に記載します（1000円未満切り捨て）。

(4) 「課税される所得金額」㉚に対する税額を「所得税の速算表」（234ページ）で計算した所得税額を「上の㉚に対する税額」㉛に記入します。

(5) 「配当控除」㉜、「住宅借入金（取得）等特別控除」㉞など該当するところを記入し、「差引所得税額」㊶を記入します。

(6) ほかに給与所得などがあり源泉徴収された所得税額がある場合には、源泉徴収税額を「源泉徴収税額」㊽に記入し、その内訳を確定申告書第二表の「所得の内訳（源泉徴収税額）」に記載します。給与所得がある方は、源泉徴収票から転記してください。

(7) 「申告納税額」㊾、所得税の前払をされた方（予定納税について詳しくは、244ページで説明します）は併せて「予定納税額」㊿を記入してください。そして、㊾から㊿を引いた数字がプラスであれば「納める税金」(51)に100円未満切り捨てで記入します。

納める税金は、申告書に同封されている納付書に記載して申告期限である3月15日までに金融機関などで納付します。その数字がマイナスであれば「還付される税金」(52)に記入します。還付を受ける税金がある場合には、「還付される税金の受取場所」に納税者本人名義の金融機関口座を記入することになります。

(8) また、3月15日までに「納める税金」(51)の2分の1以上の金額を納付すれば、延納をすることができます。

延納をする方は、延納する金額を「延納届出額」(65)（1000円未満切捨）を記入し、本来、今回の納めるべき税金（「納める税金」(51)に記載される金額）から「延納届出額」(65)を引いた金額を「申告期限までに納付する金額」(64)に記入することになります。なお、延納を受けた場合には、その延納した金額に応じた利子税を支払うことになります。

(9) 確定申告書第一表の「その他」の欄の「専従者給与（控除）額の合計額」(57)と「青色申告特別控除額」(58)は損益計算書から転記します。そして、その内訳を同じく損益計算書から第二表の「事業専従者に関する事項」に転記します。また、「その他」の項目の「配偶者の合計所得金額」(56)は、配偶者控除及び配偶者特別控除の適用を受ける場合に記載してください。配偶者

所得税の速算表

課税される所得金額㉖ （1,000円未満切捨て）	税率	控除額
195万円以下	5%	0円
195万円超～330万円以下	10%	97,500円
330万円超～695万円以下	20%	427,500円
695万円超～900万円以下	23%	636,000円
900万円超～1,800万円以下	33%	1,536,000円
1,800万円超～4,000万円以下	40%	2,796,000円
4,000万円超	45%	4,796,000円

（例）「課税される所得金額」㉖が800万円である場合には、
8,000,000円×23%－636,000円＝1,204,000円（税額）
となります。

※平成25年から令和19年までの各年分の確定申告においては、所得税と復興特別所得税（原則としてその年分の基準所得税額の2.1%）を併せて申告・納付することとなります。

控除及び配偶者特別控除については、238ページで説明します。

(10)第二表の「住民税・事業税に関する事項」の「給与所得以外の住民税の徴収方法の選択」の欄にチェックマークを入れます。これは、給料を取っている方が住民税を給料から天引きするか、それとも納付書にて自分で支払うかの選択になりますが、通常給料を取っていない方は、「自分で納付（普通徴収）」を選択します。

■節税の要、所得控除をチェックしてください

所得控除には15種類あります。文字通り控除になりますので適用が受けられれば節税になる項目です。

(1) 雑損控除㉖

本人や配偶者および親族で生計を一にする方が、災害・盗難・横領によって住宅や家財に損害を受けた場合や災害等に関連して支出をした場合には、その損失のうち一定の金額を所得から控除することができます。ただし、書画、貴金属、別荘など通常生活に必要でない資産の損失は、この控除の対象になりません。この控除を受けるためには、災害等に関連してやむを得ない支出をした金額についての領収書を添付する必要があります。

(2) 医療費控除㉗

本人や生計を一にする親族のために医療費を一定金額（通常は10万円）以上支払った（保険等で補填された金額を除きます）場合には、その一定金額を超えた金額が所得から控除されます。この控除を受けるためには医療費控除の明細書または医療費通知を添付しなければなりません。

適用を受けようとする年の12月31日までの間に健康の保持増進及び疾病の予防として一定の取組を行っているときは、一定の医薬品の購入代金の合計額（保険等により補填された金額を除きます）のうち1万2000円を超える部分の金額（8万8000円を限度）が所得から控除されます。この控除を受けるためにはセルフメディケーション税制の明細書及び一定の取組を証明する書類を添付しなければなりません。通常の医療費控除と有利なほうを選択して適用できます。

(3)社会保険料控除⑬

本人や生計を一にする親族が負担すべき健康保険料や介護保険料や年金保険料などを支払った場合には、その支払った金額が所得から控除されます。

(4)小規模企業共済等掛金控除⑭

本人が小規模企業共済等に支払った掛金の金額を所得から控除することができます。この控除を受けるためには、支払った掛金額の証明書を添付しなければなりません。

(5)生命保険料控除⑮

生命保険や生命共済などの保険料を支払った場合には、一般の生命保険料、個人年金保険料及び介護医療保険料に分けて、その支払った金額のうちの一定金額をそれぞれ所得から控除することができます。

(6)地震保険料控除⑯

地震保険料控除の適用条件は、以下の通りです。

【1】自宅建物や家財を目的とする地震保険契約であること。【2】地震等を原因とする火災等による損害に基因して保険金等が支払われる地震保険契約であること。

控除額は、地震保険契約に係る地震等相当分の保険料等の全額（最高5万円）です。控除を受けるためには、保険会社等が発行する証明書の添付が必要です。

(7) 寄付金控除㉘

国や地方公共団体、社会福祉法人等に支出した寄付金は、2000円を超える金額を、所得税の計算上、年間所得金額から控除（所得の40％を限度）できます。また、都道府県・市区町村に対する寄付金のうち、2000円を超える部分については、個人住民税所得額のおおむね2割を限度として、所得税の控除と合わせて翌年の住民税から控除されます。通称「ふるさと納税」と呼ばれる制度です。

なお、政党や政治資金団体への寄付については政党等寄付金特別控除（税額控除）が、認定NPO法人への寄付については認定NPO法人等寄附金特別控除（税額控除）が受けられます。寄付金控除と税額控除は、有利なほうを選択して適用できます。

(8) 寡婦、ひとり親控除⑰～⑱

本人が寡婦（ひとり親に該当しない）である場合には、所得から27万円控除することができます。ここで言う寡婦とは、夫と死別・離婚後再婚をしていない方で一定の者を言います。

また、本人がひとり親に該当する場合には、所得から35万円を控除することができます。ここで言うひとり親とは、子どもを養う単身者の方で一定の者を言います。多くのシングルマザー・ファザーが対象となります。なお、ひとり親控除と寡婦控除の併用はできません。

(9)勤労学生控除⑲

本人が勤労学生で一定の者である場合には、所得から27万円控除することができます。この控除を受けるためには、専修学校、各種学校または職業訓練校の生徒等の場合に限り、その学校から交付された一定の証明書の添付が必要です。

(10)障害者控除⑳

本人や配偶者控除の対象になる配偶者および生計を一にする親族で合計所得金額が48万円以下の人が障害者や特別障害者である場合には、所得から27万円(特別障害者の場合には、40万円または同居特別障害者の場合には75万円)控除することができます。

(11)配偶者控除㉑

本人の合計所得金額が1000万円以下(900万円超〜1000万円以下の場合は段階的に調整)で本人と生計を一にする配偶者で合計所得金額が48万円以下(パート収入などの場合には、年収103万円以下)の方がいる場合には、所得から一定金額(通常の場合には13〜38万円、老人控除対象配偶者の場合には16〜48万円)を控除することができます。(＊)

(12)配偶者特別控除㉒

配偶者に48万円を超える所得があるため配偶者控除の適用が受けられないときでも、配偶者の所得金額に応じて、一定の金額の所得控除が受けられる場合があります。これを配偶者特別

「所得税の確定申告書第一表」の記入例

上尾 税務署長　令和＿年＿月＿日

令和 ○○ 年分の 所得税及び復興特別所得税 の確定 申告書　FA2202

第一表（令和四年分以降用）

納税地	〒363-0000
個人番号（マイナンバー）	○○○○○○○○○○○○
生年月日	3 44.07.01
現在の住所又は居所事業所等	埼玉県桶川市春日1-22-33
フリガナ	サカモト ヒサシ
氏名	坂本 久志
令和 年1月1日の住所	同上
職業	
屋号・雅号	リザルト
世帯主の氏名	坂本 久志
世帯主との続柄	本人
電話番号 自宅・勤務先・携帯	042 － 111 － 1111

（単位は円）

収入金額等	事業 営業等（区分 2）	㋐	5236000
	事業 農業	㋑	
	不動産	㋒	
	配当	㋓	
	給与	㋔	
	雑 公的年金等	㋕	
	雑 業務	㋖	
	雑 その他	㋗	
	総合譲渡 短期	㋘	
	総合譲渡 長期	㋙	
	一時	㋚	
所得金額等	事業 営業等	①	5266117
	事業 農業	②	
	不動産	③	
	利子	④	
	配当	⑤	
	給与	⑥	
	雑 公的年金等	⑦	
	雑 業務	⑧	
	雑 その他	⑨	
	⑦から⑨までの計	⑩	
	総合譲渡・一時 ㋘+{(㋙+㋚)×½}	⑪	
	合計（①から⑥までの計+⑩+⑪）	⑫	5266117
所得から差し引かれる金額	社会保険料控除	⑬	480000
	小規模企業共済等掛金控除	⑭	600000
	生命保険料控除	⑮	92500
	地震保険料控除	⑯	50000
	寡婦、ひとり親控除	⑰～⑱	0000
	勤労学生、障害者控除	⑲～⑳	0000
	配偶者（特別）控除	㉑～㉒	0000
	扶養控除	㉓	630000
	基礎控除	㉔	480000
	⑬から㉔までの計	㉕	2332500
	雑損控除	㉖	
	医療費控除	㉗	
	寄附金控除	㉘	
	合計（㉕+㉖+㉗+㉘）	㉙	2332500

税金の計算	課税される所得金額（⑫－㉙）又は第三表	㉚	2933000
	上の㉚に対する税額又は第三表の㊽	㉛	195800
	配当控除	㉜	
		㉝	
	（特定増改築等）住宅借入金等特別控除	㉞	00
	政党等寄附金等特別控除	㉟～㊲	
	住宅耐震改修特別控除等	㊳～㊵	
	差引所得税額	㊶	195800
	災害減免額	㊷	
	再差引所得税額（基準所得税額）（㊶－㊷）	㊸	195800
	復興特別所得税額（㊸×2.1%）	㊹	4111
	所得税及び復興特別所得税の額（㊸+㊹）	㊺	199911
	外国税額控除等	㊻～㊼	
	源泉徴収税額	㊽	
	申告納税額（㊺－㊻－㊼－㊽）	㊾	199900
	予定納税額（第1期分・第2期分）	㊿	
	第3期分の税額（㊾－㊿） 納める税金	51	199900
	第3期分の税額（㊾－㊿） 還付される税金	52	△
修正申告	修正前の第3期分の税額（還付の場合は頭に△を記載）	53	
	第3期分の税額の増加額	54	00
その他	公的年金等以外の合計所得金額	55	
	配偶者の合計所得金額	56	
	専従者給与（控除）額の合計額	57	3000000
	青色申告特別控除額	58	650000
	雑所得・一時所得等の源泉徴収税額の合計額	59	
	未納付の源泉徴収税額	60	
	本年分で差し引く繰越損失額	61	
	平均課税対象金額	62	
	変動・臨時所得金額	63	
延納の届出	申告期限までに納付する金額	64	00
	延納届出額	65	000

㊹・㊺・㊾・51又は52の記入をお忘れなく。

還付される税金の受取場所：銀行・金庫・組合・農協・漁協／本店・支店・出張所・本所・支所／郵便局名等／預金種類（普通・当座・納税準備・貯蓄）／口座番号・記号番号

公金受取口座登録の同意　公金受取口座の利用

整理欄

「所得税の確定申告書第二表」の記入例

令和 ○○ 年分の所得税及び復興特別所得税の確定申告書

整理番号

FA2302

第二表（令和四年分以降用）

○第二表は、第一表と一緒に提出してください。○国民年金保険料や生命保険料の支払証明書など申告書に添付しなければならない書類は添付書類台紙などに貼ってください。

住所 埼玉県桶川市春日1-22-33
屋号 リザルト
フリガナ サカモト　ヒサシ
氏名 坂本　久志

保険料等の種類		支払保険料等の計	うち年末調整等以外
⑬⑭ 社会保険料控除 小規模企業共済等掛金控除	国民健康保険	321,000 円	円
	国民年金	159,000	
	小規模企業共済	600,000	
⑮ 生命保険料控除	新生命保険料	円	円
	旧生命保険料	240,000	
	新個人年金保険料		
	旧個人年金保険料	70,000	
	介護医療保険料		
⑯ 地震保険料控除	地震保険料	50,000 円	円
	旧長期損害保険料		

本人に関する事項（⑰～⑳）：寡婦　ひとり親　勤労学生　障害者　特別障害者　□死別　□生死不明　□離婚　□未帰還　□年調以外かつ専修学校等

○ 所得の内訳（所得税及び復興特別所得税の源泉徴収税額）

所得の種類	種目	給与などの支払者の「名称」及び「法人番号又は所在地」等	収入金額	源泉徴収税額
			円	円

㊽ 源泉徴収税額の合計額　円

○ 雑損控除に関する事項（㉖）

損害の原因	損害年月日	損害を受けた資産の種類など
	・　・	

損害金額　円　保険金などで補塡される金額　円　差引損失額のうち災害関連支出の金額　円

○ 総合課税の譲渡所得、一時所得に関する事項（⑪）

所得の種類	収入金額	必要経費等	差引金額
	円	円	円

○ 寄附金控除に関する事項（㉘）

寄附先の名称等　　寄附金　円

特例適用条文等

○ 配偶者や親族に関する事項（⑳～㉓）

氏名	個人番号	続柄	生年月日	障害者	国外居住	住民税	その他
		配偶者	明・大 昭・平 ・ ・	障 特障	国外 年調	同一 別居	調整
坂本　もも	○○○○○○○○○○○○	子	明・大 昭・㊥平・令 13．10．21	障 特障	国外 年調	16 別居	調整
			明・大 昭・平・令 ・ ・	障 特障	国外 年調	16 別居	調整
			明・大 昭・平・令 ・ ・	障 特障	国外 年調	16 別居	調整
			明・大 昭・平・令 ・ ・	障 特障	国外 年調	16 別居	調整

○ 事業専従者に関する事項（㊼）

事業専従者の氏名	個人番号	続柄	生年月日	従事月数・程度・仕事の内容	専従者給与（控除）額
坂本　裕美	○○○○○○○○○○○○	妻	明・大 ㊥昭・平 48．10．15		3,000,000 円
			明・大 昭・平 ・ ・		

○ 住民税・事業税に関する事項

住民税	非上場株式の少額配当等	非居住者の特例	配当割額控除額	株式等譲渡所得割額控除額	特定配当等・特定株式等譲渡所得の全部の申告不要	給与、公的年金等以外の所得に係る住民税の徴収方法 特別徴収	自分で納付	都道府県、市区町村への寄附（特例控除対象）	共同募金、日赤その他の寄附	都道府県条例指定寄附	市区町村条例指定寄附
	円	円	円	円	○	○	○	円	円	円	円

退職所得のある配偶者・親族の氏名	個人番号	続柄	生年月日	退職所得を除く所得金額	障害者	その他	寡婦・ひとり親
			明・大 昭・平 ・ ・	円	障 特障	調整	寡婦 ひとり親

事業税：非課税所得など　番号　所得金額　円　損益通算の特例適用前の不動産所得　円　前年中の開(廃)業　開始・廃止　月日

不動産所得から差し引いた青色申告特別控除額　円　事業用資産の譲渡損失など　円　他都道府県の事務所等

上記の配偶者・親族・事業専従者のうち別居の者の氏名・住所　氏名　住所　国外　所得税で控除対象配偶者などとした専従者　氏名　給与　円　一連番号

整理欄：申告区分　申告等年月日　年　月　日　所得種類　特例適用条文　法　条の　項　号　申告期限　年　月　日

税理士法書面提出 30条 33条の2

税理士署名・電話番号（　－　－　）

控除といいます。

本人の合計所得額が1000万円以下で本人と生計を一にする配偶者の合計所得金額が48万円を超え133万円以下の方がいる場合（パート収入だけの場合には、年収103万円を超え年収201万6000円未満）には、所得から一定の金額を控除することができます。（＊）

なお、配偶者特別控除は夫婦の間で互いに受けることはできません。

(13) 扶養控除㉓

本人と生計を一にする配偶者以外の、年齢が16歳以上の親族で合計所得金額が48万円以下の人がいる場合には、所得から一定金額（その親族の年齢が16歳以上19歳未満の場合には38万円、年齢19歳以上23歳未満は63万円、その他一定の場合には一定の金額）を控除することができます。（＊）

(14) 基礎控除㉔

基礎控除は、納税者本人の合計所得金額に応じて次のとおりとなります。合計所得金額が2400万円以下の場合の控除額は48万円、2400万円超2450万円以下は32万円、2450万円超2500万円以下は16万円、2500万円超の場合の控除額はありません。

＊青色事業専従者として給与の支払を受ける配偶者・親族及び白色事業専従者である配偶者・親族は、配偶者控除・配偶者特別控除・扶養控除の対象になりません。

(15) 所得金額調整控除

令和2年度より、給与所得控除額の引き下げと公的年金等控除の引き下げが同時に行われたため、これに対する緩和措置が所得金額調整控除となります。所得金額調整控除の対象者は、その年の給与等の収入金額が850万円を超える給与所得者と、給与所得と公的年金等の所得の両方がある方で、それぞれ一定の要件に当てはまる方となります。

給与所得や公的年金等の所得の金額により、控除される金額が決まります。

この控除の適用があるときは申告書第一表の収入金額等の欄「給与㋔」の区分欄に次の数字を記入します。

●あなたの給与等の収入金額が850万円を超え、かつ、次の①または②に該当する場合→1

①あなた、同一生計配偶者若しくは扶養親族のいずれかが特別障害者である

②23歳未満の扶養親族がいる

●あなたに給与所得と公的年金等の雑所得がある場合で、給与所得控除後の給与等の金額と公的年金等の雑所得の金額の合計額が10万円を超える場合→2

●両方に該当する場合→3

■完成したら申告書を提出しましょう

申告書ができあがったら、税務署に提出する作業が最後に残ってます。

「所得税の確定申告書」は、「青色申告決算書」2部（1部は控用）、「所得控除や特例を受けるための添付資料」をつけて提出します（他にも消費税を納める義務のある方は、消費税の申告書は3月末日が期限ですが、併せて提出しましょう）。請求書・領収書や帳簿は税務署に提出する必要はありません。

このとき税務署に持参して提出することもできますが、郵送にて提出することも可能です。郵便局で郵送した日が提出日とされますから、期限に遅れて罰金などというリスクはありません。郵送にあたっては以下の点に注意してください。

①確定申告書はきっちり完成させましょう

郵送すると、確定申告書は事務的に受領処理されます。中身を点検して税務署員が訂正してくれることはありませんので、完全な確定申告書でなければいけません。

②提出用の確定申告書1部及び控え1部と切手を貼った返信用封筒を同封しましょう

控え用は受付印が押されあなたへ返送されます。返送は自前でしなければならないので返信用封筒に自分の住所を正確に書き、切手を貼って同封しましょう。

なお、令和7年からは税務署は収受印を押さない方針です（132ページ参照）。作成の手間のことも考えると、e-Taxを用いて電子申告をするのが最も無難です。

③提出用の確定申告書は書留（簡易書留でも可）で郵送しましょう

書留の控えは確かに提出したという証です。もし紛失等の事故があったとき証明となります。

④返送された確定申告書控えは大事に保管しておきましょう

控えはその後あなたの所得証明書として至るところで必要となります。例えば、住宅ローンの審査などでは3年分の確定申告書を必要とします。もちろん原本で受付印が押印されているものです。

⑤確定申告書、決算書は、提出用だけでなく控えも必ずボールペンで書きましょう

⑥確定申告書と原本を一緒に提出してしまう「源泉徴収票」、「保険料控除証明書」等は、コピーを取って保存しておきましょう

ここまでくれば今年の決算は終わったも同然です。お疲れ様でした。

9 疑問を感じたら相談してみましょう

■国税庁のホームページ・タックスアンサーを利用してみましょう

まず、手軽な手段としてインターネットを利用して国税庁のホームページ(http://www.nta.go.jp/)や国税庁が提供している「タックスアンサー」というホームページ(http://www.nta.go.jp/taxes/shiraberu/taxanswer/index2.htm)を利用してみるとよいでしょう。国税庁のホームページには、税務署に提出する届出書や申告書の書き方等の資料があり、タックスアンサーには税金の解説が載っています。キーワードを入れて検索をするといろいろな情報が出てきて便利です。

■税務署の無料相談コーナーで聞いてみましょう

税務署に足を運んだり、職員に電話をして質問する方法もあります。確定申告の時期には、相談コーナーが設けられていて申告の指導が受けられます。ただし、相談に乗るだけなので、作業は自分で行います。また、この時期、税務署は大変混雑しているので注意が必要です。

■税理士会の無料相談所に行ってみましょう

地区によって異なりますが、区役所・市役所や青色申告会などで税理士会主催の無料相談会が開催されています。ここですと、税理士が無料で相談に乗ってくれます。ただし、この無料相談会を利用できる方は、「所得金額が一定額以下の小規模事業者」です。

■税理士に依頼しましょう

忙しくて時間がなく申告書作成までとても手が回らない方や計算が苦手で税理士に頼んだほうが安心だという方は、税理士に依頼するのもよいでしょう。税理士は、国家試験に合格した税金のプロです。納税者の代理人となって税金の手続をしてくれます。

料金は事業規模や業種によってある程度相場があります。ただし、料金はその相場をもとにして税理士の作業量や税理士に求めるサービスや依頼者の記帳能力によって高くなったり安くなったりします。例えば、自分で請求書・領収書の整理をし、会計ソフトに入力までを行えば、料金は安くなりますし、逆に請求書・領収書の整理など、すべてのことをお願いすれば、当然高くなります。気軽にたずねてみてください。依頼の際には、インターネット・税理士紹介サイト等で探すか、知人の紹介などで実際に会い、その税理士が何でも質問しやすい雰囲気を持っているか、そして信用に足りるかどうかをしっかり見極めるよう心がけることが肝要です。

10 確定申告とともに所得税を納付しましょう

申告書の提出と同時に所得税の納付をしなければなりません。納付の方法は以下の通りです。

■現金か金融機関の口座振替を使って納付してください

確定申告書の「納める税金」㊿に金額を記入したら、申告書に同封されている納付書にその金額を転記して、申告期限と同じく3月15日までに金融機関や税務署において現金で支払わなければなりません。

ただし、現金納付に代えて金融機関の口座から引き落としで納税する振替納税を選択することもできます。振替納税であれば、納付書への転記は不要になります。振替納税の詳細は、189ページで確認してください。

■所得税を延納することもできます

その年の翌年3月15日までに「納める税金」51の2分の1以上の金額を現金や口座振替（口座振替の場合には、4月の中旬頃に引き落とされます）にて納付すれば、残りの税額を5月31日まで延納することができます（口座振替の場合も同じく5月31日までです）。

ただし、本来3月15日までに全額納付しなければならないものを延納するわけですから、延納をした場合には、その延納した税額に対して「0・9％」の遅延利息がかかります。延納の具体的な手続については、確定申告書第一表に記入することになりますが、その記入方法については、233ページの(8)を参照してください。

■所得税の予定納税を行う必要があります

所得税では、その年の確定申告書に記載された「申告納税額」49（＝1年間の所得税額）が15万円以上である場合には、翌年の7月末と11月末の年2回、「申告納税額」49の3分の1の税額を前払で納付しなければなりません。この前払を予定納税と言います。税務署から7月と11月に税額の通知がありますので、税務署から来る書類についても目を通すようにしてください。

そして、翌年の確定申告書では、1年間の所得税額である「申告納税額」49から予定納税で前払した税額を差し引いた金額を納付することになります。

第7章

事業は永続します
新しい事業年の
準備をしましょう

確定申告が終わっても一息つく暇はありません。新しい事業年度はすでに始まっています。帳簿類を新しくしたら、前年の経営分析を行って今期の業績向上を目指しましょう。

1 残高の繰越を行ってください

■最終残高を繰り越して新しく帳簿をつけていきます

所得税の確定申告書の作成は、3月15日までに終わります。しかし、すでに1月1日からは次年度の商売が始まっているので決算書の作成の前に新たな取引が発生します。

したがって、1月1日から発生した取引を新たに帳簿に記入していかなければなりません。その際には、帳簿の年末の残高に決算整理の項目を加えた最終の残高を繰り越して利用することになります。

そして、帳簿の繰り越した金額の摘要欄には「前年より繰越」と記載します。繰越が完了すれば、今までと同じように帳簿の記帳を行っていくことになります。

この繰越をするのは現金・預金・売掛金・買掛金・受取手形・支払手形・貸付金・借入金・固定資産・元入金等の貸借対照表に出てくる科目となり、損益計算書に出てくる科目についてはこの繰越は行いません。

2 発行する請求書・領収書は新しくしてください

■年度ごとに分けて正確な管理を行ってください

請求書や領収書等は、未使用のページが残ってももったいないと思わずに、新しい年になった時点で新規の冊子を使用しましょう。なぜならば、請求書や領収書等の発行番号を連番で管理している場合には、新年になった時点でその数字をリセットすることで、番号とその年の帳簿との対応がしっかりとれることにメリットがあるからです。請求書や領収書等を連番で管理することは、記帳漏れや二重計上などの帳簿への転記ミスを探すときや後日帳簿と請求書や領収書等をつけ合わせるときに役立ちます。また、新規の冊子を使用するもう一つのメリットは、保存の際、請求書や領収書が年度ごとに分かれていたほうが管理しやすいことです。

注意点としては、その年に途中まで使った請求書や領収書等の未使用部分を以後使用できないようにしなければなりません。そのためには、「ボイド」や「無効」という判を押印するか、または請求書や領収書等の一部を切りとって、未使用部分を以後使用できないようにします。

3 決算書・確定申告書の控え、帳簿、証拠書類をまとめ、保存します

■決算書、確定申告書の控えは経営分析の材料になります

税務署に提出した申告書・決算書の控えは大切に保存してください。

税務署に提出した申告書・決算書の控えは、税務署に確かに申告しましたという証になることはもちろんのこと、金融機関からお金を借りるときに提出することもありますし、決算書を毎期比較することで当期の業績はどうだったかという経営分析にも使用することができます。

特に決算書から当期の業績を把握して、今後の事業活動の参考にすることは非常に重要な作業と言えますので、是非参考にしましょう。

■帳簿・証拠書類は実績の証です、大切に保存してください

請求書や領収書・帳簿等の事業に関連した書類は1年間活動した実績の証でもあり、取引の証拠書類でもあります。後で請求漏れや二重請求を検証したり、相手方からの二重請求を防止

書類の保存期間

帳簿書類の種類		保存期間
帳簿	仕訳帳・総勘定元帳・現金出納帳・固定資産台帳・売掛帳・買掛帳・経費帳等	7年
決算関連書類	貸借対照表・損益計算書・棚卸表等	7年
現金預金の取引等に関する書類	領収書・預金通帳・借用書・小切手控・手形控・振込通知書	7年
その他の書類	契約書・見積書・請求書・注文書・納品書・送り状・仕訳伝票等	5年

したりするためにも、経営実績を数年間比較して経営資料を作成したりするためにも整理して保存しなければなりません。

また、税金の申告について税務署の調査が行われることがあります。この調査時の説明資料としても大事な証拠書類と言えます。

■必ず7年間は保存してください

税法上では、帳簿・証拠書類の保存期間は原則として7年間となっています。事業を始めて何年かすると帳簿や証拠書類もかなりの量になってきますので捨てたくなるとは思いますが、7年間は保存してください。

保存するコツは、1年間の帳簿・証拠書類・決算書・申告書等を確定申告が終わった後にまとめて一つの箱に入れておき、箱の外に保存期間を記入します。そして、保存期間が終了した段階で、シュレッダーなどで破棄しましょう。事業が順調であれば次の課題として帳簿の電子保存をめざしましょう。

■税務調査が行われることがあります

事業者は1年間の事業の実績で決算を行い、確定申告をします。所得税は、本来納税者が自ら自分の所得を正しく計算して確定申告書を提出する申告納税制度を前提に成り立っています。したがって、確定申告のつど税務署に請求書・領収書や帳簿を提出したりしません。

そのためその確定申告が正しく行われているかどうかを検証するため、税務署員による税務調査というものが行われることがあります。この税務調査の目的は脱税など不正の摘発だけでなく、決算や確定申告のミスを正したり、計算のしかたを指導するためにも行われます。

税務調査は確定申告後すぐではなく、数カ月後、場合によっては数年後に行われることもあります。この税務調査時に自分の計算の根拠を説明するためにも、帳簿類の保存は重要になってきます。人間の記憶は時を経過することにより薄れていきます。記録を残すことにより、それを補うことになるでしょう。

なお税理士さんに税務を依頼している場合、税務署から通知があったら、速やかに税理士さんに連絡をとり、税理士さん立ち会いの下で税務調査を受けましょう。

4 翌年のために経営分析をしましょう

決算書や確定申告書等の保存まで終わったら、次は決算書や確定申告書の控えを使用して経営分析をしましょう。事業構造の現状を把握し、今後の事業計画を立てるときに非常に有効な資料になります。

■粗利率、経費をそれぞれ比較してみましょう

まずは、**売上総利益÷売上高**で求める粗利率を期ごとに比較します。粗利率を比較することで、昨年に比べて当期はどうだったのか、売価や原価がいくらであれば採算がとれるのか、値引きの限度などが把握できます。過去3年分の利益率を比較してみると有効です。

次に毎年の経費の項目を比較することで、今年はどの経費が多かったのかを把握しその原因を探ってください。その原因が売上の増加に伴うものであれば問題ありませんが、その原因を考えてまだ削減できそうな項目があれば探してみましょう。経費の節約につながります。

変動費と固定費の分類表

損益計算書上の分類	変動費	固定費
売上原価	商品仕入高 製品仕入高 材料仕入高	
販売費及び一般管理費	外注費 販売促進費 販売手数料 接待交際費 荷造運賃	給料・法定福利費 福利厚生費・水道光熱費 修繕費・広告宣伝費 支払手数料・減価償却費 租税公課・賃借料・保険料 旅費交通費・通信費 消耗品費・会議費 新聞図書費・雑費
営業外費用		支払利息

■損益分岐点売上高を計算してみましょう

損益分岐点売上高とは、売上と費用が等しく利益が0円となる売上高、つまり「採算の分かれ目」の売上高を言います。

損益分岐点売上高を計算する上では、費用を変動費と固定費に分類しなければなりません。

変動費とは売上の増加に比例して増加する費用を言い、固定費とは売上の増加に関係なく毎期一定の金額が発生する費用を言います。一般的な例を上の表にまとめました。ただし、あくまでも参考例です。同じ水道光熱費でも業種によっては位置づけが異なるからです。また、大規模修繕費など毎期生じないような臨時的な費用は、固定費および変動費から除きます。
そして、その区分ができたところで次の3本の算式から損益分岐点売上高を計算します。

(a)限界利益=売上高−変動費

(b)限界利益率=限界利益÷売上高

(c)損益分岐点売上高=固定費÷限界利益率

(参考)損益分岐点売上高−(固定費+変動費)=0

限界利益とは、算式の通り売上高から変動費を引いた金額を言い、売上高が増えるとそれに応じて増える利益部分になります。限界利益率とは、売上高に対する限界利益の割合です。これは、売上高が増加した場合、どのくらい限界利益が増加するかという割合になります。固定費が売上高の増減に左右されないことから、限界利益の増減がそのまま事業利益の増減に反映するので、限界利益率は有用な指標と言えます。

損益分岐点売上高は、限界利益と固定費が等しくなる売上高であるため、固定費を限界利益率で割ることで計算できます。この売上高は、現状での採算のとれる売上高を示すだけでなく、今後の経営計画のシミュレーション機能も持っています。次ページで見る目標売上高と併せて利用することで、売価や売上予想数量・給与や家賃などの固定費をいくらに設定すれば採算がとれて目標利益になるのかという計算をし、事業計画を立てるのに役立ちます。

ただし、実際計算してみると、なかなかこの損益分岐点売上高を達成することができず、赤字になる事業者もあるかと思います。損益分岐点売上高を下げることがイコール利益の増加となりますので、損益分岐点売上高を引き下げたいところです。

その方法としては、固定費の削減と限界利益率の向上の二つがあります。固定費の削減は、人件費の削減・営業所の移転や統廃合による賃借料の見直しなど大きいところから可能な範囲で行ってください。

■目標売上高を立てましょう

最後に損益分岐点売上高を応用して、目標利益額から目標売上高を算定してみましょう。実際の売上高が損益分岐点売上高を上回れば、上回った金額に限界利益率を掛けた金額が利益になります。このことから、限界利益率を使った次の算式で目標利益額から目標売上高を算出することもできます。算出された売上が実現可能かどうかを検討してください。

（d）目標売上高＝（損益分岐点売上高＋目標利益額）÷限界利益率

これらの問題点を把握することで事業経営の正確な現状分析が行えるとともに以降の経営の参考になります。是非利用してみてください。

◆事業開始後の納税がわかる税務カレンダー

	提出期限	届出書類・納税等	関係官庁
開業まで	開業まで	許認可届（許認可が必要な事業の場合）	保健所・警察署・運輸局等各種官公庁
1月	5日	開業日	
	事業開始から10日以内	労働保険　保険関係成立届出	労働基準監督署
	開業から15日以内（東京都の場合）	個人事業税の事業開始等申告書	都道府県税事務所
	開業の日から1カ月以内	個人事業の開廃業届出書	税務署
	開業の日から2カ月以内（開業の日が1月1日から1月15日の間の場合は、3月15日まで）	所得税の青色申告承認申請書	税務署
		青色事業専従者給与に関する届出書	
	末	個人住民税（第4期分）の納付	市区町村
2月	従業員を雇用した日の翌月10日まで	雇用保険被保険者資格取得届・区分変更届	公共職業安定所
	給与支払事務所等を開設した日から1カ月以内	給与支払事務所等の開設届出書	税務署
	給与の支払を始めた日以降随時（納期限の特例を併せて受けるには12月20日まで）	源泉所得税の納期の特例の承認に関する申請書	
	末	固定資産税（第4期分）の納付	市区町村

月	日	内容	提出先
3月	15日	所得税の確定申告及び納付	税務署
3月	15日	贈与税の確定申告及び納付	税務署
3月	15日	個人住民税の申告（所得税の確定申告をした方は不要です）	市区町村
3月	15日	個人事業税の申告（〃）	都道府県税事務所
4月	中旬	振替納税を選択した方は所得税の自動引き落としがあります	税務署
4月	末	固定資産税（第1期分）の納付	市区町村
5月	末	自動車税の納付・軽自動車税の納付	都道府県税事務所・市区町村
6月	末	個人住民税（第1期分）の納付	市区町村
7月	10日	納期の特例を受けている場合の源泉所得税（1～6月分）の納付	税務署
7月	10日	労働保険（雇用保険・労災）の申告及び納付	労働基準監督署
7月	末	所得税の予定納税（第1期分）の納付	税務署
8月	末	個人事業税（第1期分）の納付	都道府県税事務所
8月	末	個人住民税（第2期分）の納付	市区町村
9月	末	固定資産税（第2期分）の納付	市区町村
10月	末	個人住民税（第3期分）の納付	市区町村
11月	末	所得税の予定納税（第2期分）の納付	税務署
11月	末	個人事業税（第2期分）の納付	都道府県税事務所
12月	下旬	給与所得者の年末調整	税務署
12月	末	固定資産税（第3期分）の納付	市区町村
12月	末	消費税課税事業者選択届出書	税務署
12月	末	消費税課税期間特例選択・変更届出書	税務署
12月	末	消費税簡易課税制度選択届出書	税務署
12月	末	消費税課税売上割合に準ずる割合の適用承認申請書	税務署

月	日	内容	窓口
1月	20日	納期の特例を受けている場合の源泉所得税（7～12月分）の納付	税務署
	末	個人住民税（第4期分）の納付	市区町村
		固定資産税（償却資産分）の申告	
		法定調書（源泉徴収票・合計表等）の提出	税務署
		住民税の為の給与支払報告書の提出	市区町村
2月	末	固定資産税（第4期分）の納付	市区町村
3月	15日	所得税の確定申告及び納付	税務署
		たな卸資産の評価方法・減価償却資産の償却方法の届出書（前年に開業した方）	税務署
		贈与税の確定申告及び納付	税務署
		個人住民税の申告（所得税の確定申告をした方は不要です）	市区町村
		個人事業税の申告（　〃　）	都道府県税事務所
	末	消費税の確定申告及び納付	税務署
4月	中旬	振替納税を選択した方は所得税の自動引き落としがあります	税務署
	下旬	振替納税を選択した方は消費税の自動引き落としがあります	
	末	固定資産税（第1期分）の納付	市区町村
5月	末	自動車税の納付・軽自動車税の納付	都道府県税事務所・市区町村
6月	末	個人住民税（第1期分）の納付	市区町村
7月	10日	納期の特例を受けている場合の源泉所得税（1～6月分）の納付	税務署
		労働保険（雇用保険・労災）の申告及び納付	労働基準監督署
	末	所得税の予定納税（第1期分）の納付	税務署

※1　個人事業税、個人住民税、固定資産税、自動車税、軽自動車税については、各地方自治体により異なることがありますので注意してください。
※2　消費税の中間申告については、前年の確定消費税額に応じ年1回（8月末）、年3回（5月末、8月末、11月末）、年9回（5月から1月までの毎月末日、ただし5月末は3カ月分の税額になります）の3パターンがあります。
※3　源泉所得税の納期の特例を受けていない場合には、給与支払の日の翌月10日までに源泉所得税を毎月納める必要があります。

月	日	内容	提出先
8月	末	個人事業税（第1期分）の納付	都道府県税事務所
		個人住民税（第2期分）の納付	市区町村
9月	末	固定資産税（第2期分）の納付	市区町村
10月	末	個人住民税（第3期分）の納付	市区町村
11月	末	所得税の予定納税（第2期分）の納付	税務署
		個人事業税（第2期分）の納付	都道府県税事務所
12月	下旬	給与所得者の年末調整	税務署
	末	固定資産税（第3期分）の納付	市区町村
1月	20日	納期の特例の適用を受けている場合の源泉所得税（7～12月分）の納付	税務署
	末	個人住民税（第4期分）の納付	市区町村
		固定資産税（償却資産分）の申告	市区町村
		法定調書（源泉徴収票・合計表等）の提出	税務署
		住民税の給与支払報告書の提出	市区町村
2月	末	固定資産税（第4期分）の納付	市区町村
3月	15日	所得税の確定申告及び納付	税務署
		贈与税の確定申告及び納付	税務署
		個人住民税の申告（所得税の確定申告をした方は不要です）	市区町村
		個人事業税の申告（〃）	都道府県税事務所
	末	消費税の確定申告及び納付	税務署

著者紹介

東京シティ税理士事務所

税理士法人。1981年、山端康幸税理士事務所として個人事業スタート。2002年、税理士法人東京シティ税理士事務所と組織変更。“中小企業の税務会計”と“不動産・相続の税務”の2つの得意分野を持つ。多くの顧問会社の、経理・総務部門の省力化と低コスト化を実現する。

所属税理士

山端康幸　村岡清樹
山端慶太　辛島正史
國田淳夫　七条遼人
欠下茂代　渡辺こずえ
新町聡子　丸山恵美
米山悟子　小林由美
川内美香　蔦　浩一
須佐美花　三木靖子
井上喜子　風巻朋子
田續英樹　牛田孝文
藤本知子　松永志保子

所在地

〒163-0433
東京都新宿区西新宿2-1-1　新宿三井ビル33階
TEL：03（3344）3301
E-mail：voice@tokyocity.co.jp
ホームページ：http://tokyocity.co.jp
相続税相談所：http://tokyocity.jp（相続税専門サイト）
遺言・相続税相談所：http://tokyocity.or.jp
（遺言・相続専門サイト）

編者紹介

山端康幸（やまはた・やすゆき）

東京シティ税理士事務所代表税理士。青森県生まれ。明治大学経営学部卒。個人の税務・中小企業税務を得意とする。個人事業の開業指導から、法人成り、法人経営指導、事業承継と企業経営と税務コンサルタントに定評。著書に『＜新版＞らくらく株式会社設立＆経営のすべてがわかる本』『らくらく個人事業と株式会社「どっちがトク？」がすべてわかる本』（共著・あさ出版）等がある。

＜改訂《かいてい》2版《はん》＞らくらく
個人《こじん》事業《じぎょう》開業《かいぎょう》のすべてがわかる本《ほん》　〈検印省略〉

2023年　6　月　24　日　第　1　刷発行
2024年　11　月　20　日　第　2　刷発行

編　者――山端 康幸（やまはた・やすゆき）
著　者――東京シティ税理士事務所
発行者――田賀井 弘毅

発行所――株式会社あさ出版
〒171-0022　東京都豊島区南池袋 2-9-9 第一池袋ホワイトビル 6F
電　話　03 (3983) 3225（販売）
　　　　03 (3983) 3227（編集）
F A X　03 (3983) 3226
U R L　http://www.asa21.com/
E-mail　info@asa21.com

印刷・製本　美研プリンティング(株)

note　http://note.com/asapublishing/
facebook　http://www.facebook.com/asapublishing
twitter　http://twitter.com/asapublishing

ISBN978-4-86667-516-9 C2034